KB180297

디자인이 세상을 바꾼다

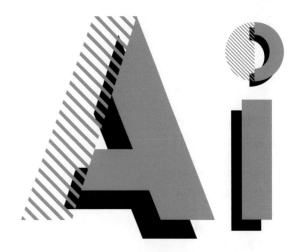

일러스트레이터 CC

원다예 지음

Education by Sympathy

디자인이 세상을 바꾼다

일러스트레이터 CC

초판 1쇄 인쇄 2023년 4월 5일
초판 1쇄 발행 2023년 4월 15일

지은이 원다예
펴낸이 한준희
펴낸곳 (주)아이콕스

본문디자인 프롬디자인
표지디자인 김보라
영업 김남권, 조용훈, 문성빈
경영지원 김효선, 이정민

Education by Sympathy

주소 (14556) 경기도 부천시 조마루로 385번길 122 삼보테크노타워 2002호
홈페이지 www.icoxpublish.com
쇼핑몰 www.baek2.kr (백두도서쇼핑몰)
이메일 icoxpub@naver.com
전화 032-674-5685
팩스 032-676-5685
등록 2015년 7월 9일 제 386-251002015000034호
ISBN 979-11-6426-238-0 (13000)

※ 정가는 뒤표지에 있습니다.
※ 잘못된 책은 구입하신 서점에서 교환해 드립니다.

이 책은 저작권법에 따라 보호받는 저작물이므로 무단전제 및 복제를 금하며, 책의 내용을 이용하려면 반드시 저작권자와 ㈜아이콕스의 서면동의를 받아야 합니다. 내용에 대한 의견이 있는 경우 홈페이지에 내용을 기재해 주시면 감사하겠습니다.

머리말

포토샵과 함께 가장 대중적인 그래픽 프로그램이 된 일러스트레이터는 벡터 기반의 디자인 프로그램으로 로고, 타이포그래피, 손글씨, 아이콘, 인포그래픽 등의 디자인 작업에 특화되어 있습니다. 일러스트레이터는 자주 쓰는 주요 기능만 확실하게 익히면 그 다음은 아이디어가 중요합니다. 생각만 했던 여러분의 멋진 아이디어를 일러스트레이터로 마음껏 펼쳐낼 수 있습니다.

이 책은 일러스트레이터를 처음 시작하는 이들을 위한 입문서입니다.

입문서인 만큼 선별된 예제를 통해 기본 기능을 쉽게 학습할 수 있도록 하였고 기본기를 탄탄히 다진 후에는 활용 예제를 통해 디자인 감각을 키울 수 있도록 구성하였습니다.

1장-8장은 벡터 드로잉에 대한 이해부터 도형 및 오브젝트, 선과 그래프, 채색과 편집 등의 기본 기능에 대한 설명과 그에 따른 다양한 실습 예제들의 과정을 상세히 담아 쉽고 빠르게 학습할 수 있습니다.

9장은 앞서 배운 기능들을 활용한 다양한 예제들을 담아 이 책 한 권으로 기본기를 탄탄히 다지는 것은 물론 실무에도 활용할 수 있는 디자인을 학습하고 디자인에 대한 기초와 감각을 키울 수 있습니다.

일러스트레이터를 시작하는 여러분들이 효율적인 방법으로 기능들을 익히고 활용하기를 바라는 마음을 담아 집필했습니다. 아주 오래전 제가 일러스트레이터를 처음 접할 때 가졌던 궁금함과 설렘들이 지금 시작하는 여러분의 마음을 헤아렸기를 바래 봅니다.

수많은 책 중 이 책과 인연이 닿은 여러분께 감사의 인사를 전합니다.

이천이십삼년 봄날 원다예

이 책의 구성

일러스트레이터를 처음 시작하는 이들을 위한 입문서입니다. 각 CHAPTER에서는 기본 및 핵심 개념과 기능을 설명한 후 따라하기를 통해 실무 감각을 익힙니다. 따라하기 단계에서 부연 설명이나 주의해야 할 사항은 'TIP', 'NOTE', '더 알아보기' 등의 요소로 구성했습니다.

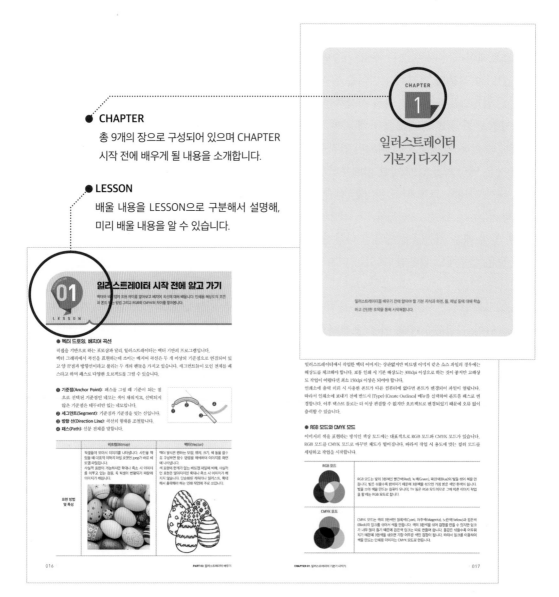

● **CHAPTER**
총 9개의 장으로 구성되어 있으며 CHAPTER 시작 전에 배우게 될 내용을 소개합니다.

● **LESSON**
배울 내용을 LESSON으로 구분해서 설명해, 미리 배울 내용을 알 수 있습니다.

● 더 알아보기
따라하기 과정에서 설명하지 못한 기능에 대해 별도의 설명을 제공합니다.

● NOTE
추가로 알아두면 좋을 내용이나 옵션을 살펴보기 위해 상세한 설명을 제공합니다.

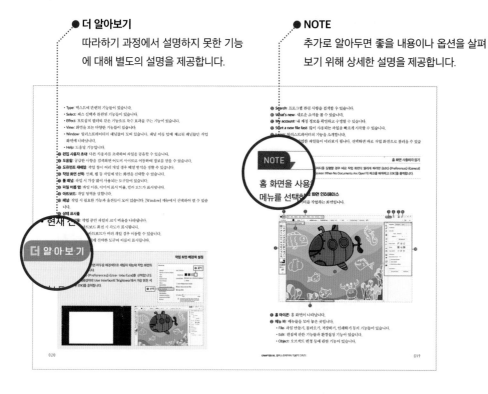

● 준비 파일
실습 예제에 필요한 파일의 경로대로 불러와 사용합니다.

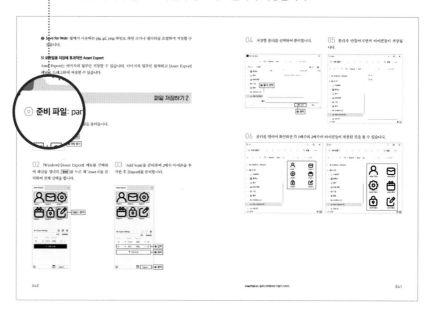

이 책에서 사용한 예제 소스 다운로드

이 책에서 사용된 실습 예제와 CC 2023 신기능은 아이콕스 홈페이지(http://icoxpublish.com)에서 다운로드할 수 있습니다. [자료실]-[도서 부록소스]에서 『일러스트레이터 CC』를 선택해 다운받아 사용합니다.

차례

CHAPTER 2

선택과 배치

도형 및 오브젝트 다루기

CHAPTER 5

선과 그래프

CHAPTER

6

채색

CHAPTER 7

문자 입력과 편집

CHAPTER 8

특수 효과, 3D 효과

실무 예제로 배우는 실무 테크닉

일러스트레이터
기본기 다지기

일러스트레이터를 배우기 전에 알아야 할 기본 지식과 화면, 툴, 패널 등에 대해 학습

하고 간단한 조작을 통해 시작해봅니다.

일러스트레이터 시작 전에 알고 가기

LESSON

벡터와 비트맵의 표현 차이를 알아보고 베지어 곡선에 대해 배웁니다. 인쇄용 해상도의 조건과 폰트 따는 방법 그리고 RGB와 CMYK의 차이를 알아봅니다.

● 벡터 드로잉, 베지어 곡선

픽셀을 기반으로 하는 포토샵과 달리, 일러스트레이터는 벡터 기반의 프로그램입니다.

벡터 그래픽에서 곡선을 표현하는데 쓰이는 베지어 곡선은 두 개 이상의 기준점으로 연결되어 있고 양 끝점과 방향선이라고 불리는 두 개의 핸들을 가지고 있습니다. 세그먼트들이 모인 전체를 패스라고 하며 패스로 다양한 오브젝트를 그릴 수 있습니다.

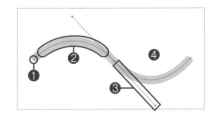

❶ **기준점(Anchor Point)**: 패스를 그릴 때 기준이 되는 점으로 선택된 기준점인 네모는 색이 채워지고, 선택되지 않은 기준점은 테두리만 있는 네모입니다.

❷ **세그먼트(Segment)**: 기준점과 기준점을 잇는 선입니다.

❸ **방향 선(Direction Line)**: 곡선의 형태를 조절합니다.

❹ **패스(Path)**: 선분 전체를 말합니다.

	비트맵(Bitmap)	벡터(Vector)
표현 방법 및 특성	픽셀들이 모여서 이미지를 나타냅니다. 사진을 찍었을 때 대표적 이미지 파일 포맷인 jpeg가 바로 비트맵 파일입니다. 사실적 표현이 가능하지만 확대나 축소 시 이미지를 이루고 있는 점들, 즉 픽셀이 변형되기 때문에 이미지가 깨집니다. 	벡터 방식은 원하는 모양, 위치, 크기, 색 등을 함수로 구성하면 함수 명령을 해석하여 이미지를 화면에 나타냅니다. 색 표현에 한계가 없는 비트맵 파일에 비해, 사실적인 표현은 떨어지지만 확대나 축소 시 이미지가 깨지지 않습니다. 단순화된 캐릭터나 일러스트, 확대해서 출력해야 하는 인쇄 작업에 주로 쓰입니다. 

파일 포맷	jpeg, gif, png, psd ...	ai, eps ...
기본 단위	픽셀(Pixel)	mm 또는 cm 등
대표 프로그램	포토샵	일러스트레이터
구성 요소	픽셀(Pixel)로 불리는 작은 정사각형 점	점, 선, 면의 위치와 색상값과 같은 수치 정보
용량	픽셀마다 색상 정보를 모두 가지는 구조이므로 저장 용량이 크며, 색감이 풍부할수록 용량이 더 커집니다.	위치와 색상값을 수치화해서 기억했다가 표현하는 방식이므로 비트맵에 비해, 저장 용량이 작습니다. 이미지를 확대해도 용량은 변하지 않습니다.
해상도	해상도가 높을수록 이미지를 선명하게 표현하지만 용량도 커집니다.	크기에 제약이 없을 뿐만 아니라 크기가 변해도 용량에 변화가 없으므로 해상도 개념이 필요하지 않습니다.

● 인쇄용 해상도 체크 및 폰트 따기

일러스트레이터에서 작업한 벡터 이미지는 상관없지만 비트맵 이미지 같은 소스 파일의 경우에는 해상도를 체크해야 합니다. 보통 인쇄 시 기본 해상도는 300dpi 이상으로 하는 것이 좋지만 고해상도 작업이 어렵다면 최소 150dpi 이상은 되어야 합니다.

인쇄소에 출력 의뢰 시 사용한 폰트가 다른 컴퓨터에 없다면 폰트가 변경되어 파일이 열립니다. 따라서 인쇄소에 보내기 전에 반드시 [Type]-[Create Outlines] 메뉴를 선택하여 폰트를 패스로 변경합니다. 이후 텍스트 툴로는 더 이상 편집할 수 없지만 오브젝트로 변경되었기 때문에 오류 없이 출력할 수 있습니다.

● RGB 모드와 CMYK 모드

이미지의 색을 표현하는 방식인 색상 모드에는 대표적으로 RGB 모드와 CMYK 모드가 있습니다. RGB 모드를 CMYK 모드로 바꾸면 채도가 떨어집니다. 따라서 작업 시 용도에 맞는 컬러 모드를 세팅하고 작업을 시작합니다.

RGB 모드

RGB 모드는 빛의 3원색인 빨간색(Red), 녹색(Green), 파란색(Blue)의 빛을 섞어 색을 만듭니다. 빛은 섞을수록 밝아지기 때문에 3원색을 섞으면 가장 밝은 색인 흰색이 됩니다. 빛을 쏘아 색을 만드는 컴퓨터 모니터, TV 등은 RGB 모드이므로 그에 따른 이미지 작업을 할 때는 RGB 모드로 합니다.

CMYK 모드

CMYK 모드는 색의 3원색인 청록색(Cyan), 자주색(Magenta), 노란색(Yellow)과 검은색(Black)의 잉크를 섞어서 색을 만듭니다. 색의 3원색을 섞어 검정을 만들 수 있지만 잉크가 너무 많이 들기 때문에 검은색 잉크는 따로 만들어 씁니다. 물감은 섞을수록 어두워지기 때문에 3원색을 섞으면 가장 어두운 색인 검정이 됩니다. 따라서 잉크를 이용하여 색을 만드는 인쇄용 이미지는 CMYK 모드로 만듭니다.

일러스트레이터 인터페이스

일러스트레이터를 실행하면 처음 만나는 화면과 툴, 패널 등을 살펴보고 간략한 조작을 통해
작업화면을 다루는 방법을 배워봅니다.

LESSON

● 홈 화면

일러스트레이터를 실행하면 나오는 화면입니다. 새로운 파일을 불러오거나 기존 작업 파일을 불
러올 수 있습니다. 왼쪽 상단의 일러스트레이터 아이콘을 클릭하면 작업 화면으로 이동합니다.

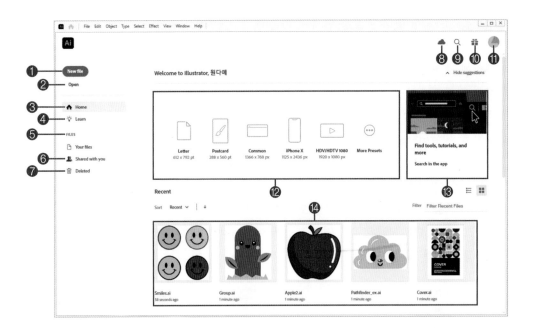

❶ **New file**: 새로운 파일을 만듭니다.

❷ **Open**: 저장된 파일을 불러옵니다.

❸ **Home**: 시작 화면이 나타납니다.

❹ **Learn**: 어도비에서 제공하는 일러스트레이터의 기능을 배울 수 있습니다.

❺ **FILES**: 어도비 클라우드에 저장한 파일을 볼 수 있습니다.

❻ **Shared with you**: 다른 사용자가 공유한 파일들을 볼 수 있습니다.

❼ **Deleted**: 삭제한 클라우드 파일들을 볼 수 있습니다. 왼쪽 메뉴들을 클릭하면 관련 내용이 나타
납니다.

❽ **Cloud storage**: 어도비 클라우드에 저장한 파일들의 용량을 알 수 있습니다.

⑨ **Search**: 프로그램 관련 사항을 검색할 수 있습니다.

⑩ **What's new**: 새로운 소식을 볼 수 있습니다.

⑪ **My account**: 내 계정 정보를 확인하고 수정할 수 있습니다.

⑫ **Start a new file fast**: 많이 사용되는 파일을 빠르게 시작할 수 있습니다.

⑬ **Learn**: 일러스트레이터의 기능을 소개합니다.

⑭ **Recent**: 최근 작업한 파일들이 미리보기 됩니다. 선택하면 바로 작업 화면으로 불러올 수 있습니다.

NOTE 홈 화면 사용하지 않기

홈 화면을 사용하지 않고 일러스트레이터를 실행할 경우 바로 작업 화면이 열리게 하려면 [Edit]-[Preferences]-[General] 메뉴를 선택한 후 'Show The Home Screen When No Documents Are Open'의 체크를 해제하고 [OK]를 클릭합니다.

● 일러스트레이터 작업 화면 인터페이스

실제로 일러스트레이터를 작업하는 화면입니다.

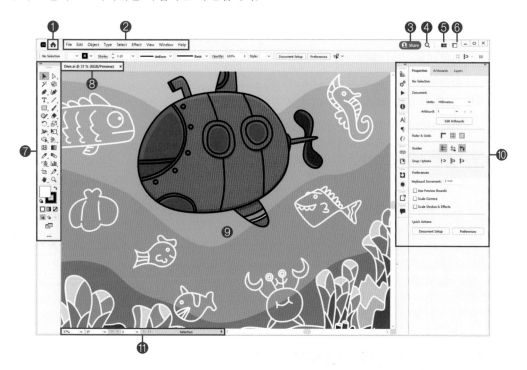

❶ **홈 아이콘**: 홈 화면이 나타납니다.

❷ **메뉴 바**: 메뉴들을 모아 놓은 곳입니다.

- **File**: 파일 만들기, 불러오기, 저장하기, 인쇄하기 등의 기능들이 있습니다.
- **Edit**: 편집에 관한 기능들과 환경설정 기능이 있습니다.
- **Object**: 오브젝트 변형 등에 관한 기능이 있습니다.

- **Type**: 텍스트에 관련된 기능들이 있습니다.
- **Select**: 패스 선택과 관련된 기능들이 있습니다.
- **Effect**: 포토샵의 필터와 같은 기능으로 특수 효과를 주는 기능이 있습니다.
- **View**: 화면을 보는 다양한 기능들이 있습니다.
- **Window**: 일러스트레이터의 패널들이 모여 있습니다. 패널 이름 앞에 체크된 패널들만 작업 화면에 나타납니다.
- **Help**: 도움말 기능입니다.

❸ **편집 사용자 초대**: 다른 사용자를 초대하여 파일을 공유할 수 있습니다.

❹ **도움말**: 궁금한 사항을 검색하면 어도비 사이트로 이동하여 정보를 얻을 수 있습니다.

❺ **도큐먼트 재배열**: 작업 창이 여러 개일 경우 배열 방식을 정할 수 있습니다.

❻ **작업 화면 선택**: 인쇄, 웹 등 작업에 맞는 화면을 선택할 수 있습니다.

❼ **툴 패널**: 작업 시 가장 많이 사용되는 도구들이 있습니다.

❽ **파일 이름 탭**: 파일 이름, 이미지 표시 비율, 컬러 모드가 표시됩니다.

❾ **아트보드**: 작업 영역을 말합니다.

❿ **패널**: 작업 시 필요한 기능과 옵션들이 모여 있습니다. [Window] 메뉴에서 선택하여 열 수 있습니다.

⓫ **상태 표시줄**
- **화면 비율**: 작업 중인 파일의 크기 비율을 나타냅니다.
- **화면 각도**: 아트보드 회전 시 각도가 표시됩니다.
- **아트보드 이동**: 아트보드가 여러 개일 경우 이동할 수 있습니다.
- **현재 선택 도구**: 현재 선택한 도구의 이름이 표시됩니다.

더 알·아·보·기

작업 화면 배경색 설정

일러스트레이터를 설치하면 어두운 배경색으로 세팅이 되는데 작업 화면의 색상을 변경할 수 있습니다.
메뉴 바에서 [Edit]-[Preferences]-[User Interface]를 선택합니다.
[Preferences] 대화상자의 User Interface의 'Brightness'에서 가장 밝은 색을 선택한 후 [OK]를 클릭합니다.

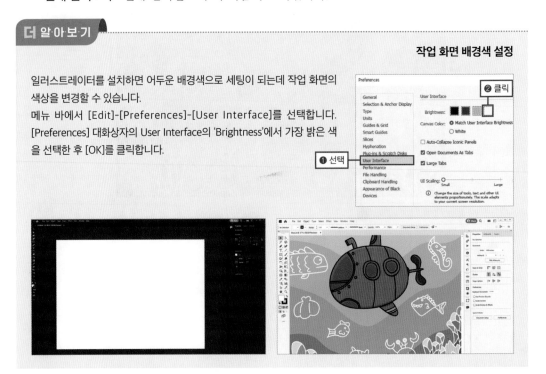

● 툴 패널 살펴보기

- 툴 패널 상단의 ◀◀, ▶▶를 클릭하면 두 줄은 한 줄로, 한 줄은 두 줄로 변경하여 사용할 수 있습니다.
- 상단을 드래그하면 툴 패널을 이동할 수 있습니다.
- 툴 패널에서 아이콘 위에 마우스 포인터를 놓으면 이름과 단축키가 나타납니다.

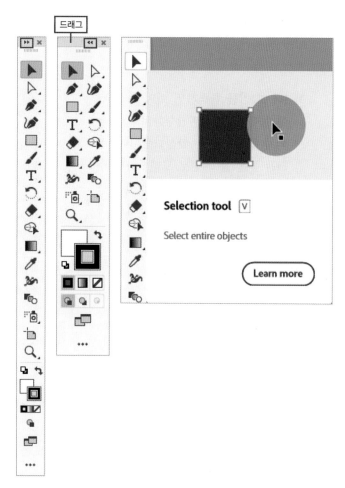

- 오른쪽 하단의 삼각형 표시(◢)는 그 안에 다른 툴들이 있다는 뜻입니다. 해당 아이콘을 길게 클릭하면 안에 있는 숨은 툴들이 나타납니다. Alt를 누른 채 계속 클릭하면 숨은 툴이 차례로 나타납니다.

- 숨은 도구 메뉴는 오른쪽의 삼각형 아이콘(▶)을 클릭하여 패널처럼 분리할 수 있습니다.
- 분리된 패널은 ✖를 클릭하여 다시 숨길 수 있고, ◀◀를 클릭하여 세로 방향의 패널로 변경할 수 있습니다. ▶▶를 클릭하면 가로 방향의 툴 패널로 바뀝니다.

기본 툴 패널에는 자주 사용하는 툴들이 나와 있으며 하단의 더 보기(···)를 클릭하면 모든 툴을 볼 수 있습니다.

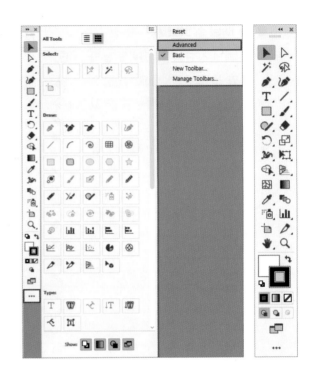

1. [더 보기]를 클릭하면 이미 툴 패널에 등록된 툴은 비활성화되고, 등록되지 않은 툴들은 활성화됩니다. 원하는 툴을 툴 패널로 드래그하면 추가됩니다. 반대로 툴 패널에 있는 툴을 All Tools 패널로 드래그하면 삭제됩니다.
2. 오른쪽 상단의 [Reset]을 클릭하면 기본 툴 패널로 초기화됩니다.

옵션에서 [Advanced]를 선택하면 모든 툴들이 다 나타납니다. 이 책에서는 'Advanced'로 놓고 사용합니다.

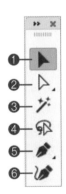

❶ **선택 툴([V])**: 오브젝트를 선택 또는 이동합니다.

❷ **직접 선택 툴([A])**: 패스의 일부 또는 기준점을 선택합니다.

    ⓐ **그룹 선택 툴**: 그룹으로 묶인 패스를 개별로 선택합니다.

❸ **마술봉 툴([Y])**: 클릭한 지점과 같은 속성을 지닌 패스를 같이 선택합니다.

❹ **올가미 툴([Q])**: 드래그한 영역의 모든 오브젝트를 선택합니다.

❺ **펜 툴([P])**: 패스를 만듭니다.

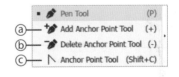

    ⓐ **기준점 추가 툴([+])**: 패스를 클릭하여 기준점을 추가합니다.

    ⓑ **기준점 삭제 툴([-])**: 기준점을 클릭하여 삭제합니다.

    ⓒ **기준점 변환 툴([Shift]+[C])**: 직선 패스를 곡선 패스로, 곡선 패스를 직선 패스로 만듭니다.

❻ **곡률 툴([Shift]+[~])**: 추가한 기준점을 이전 기준점과 연결하여 쉽게 곡선을 그릴 수 있습니다.

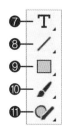

❼ 텍스트 툴(T): 일반 가로형 텍스트를 입력합니다.

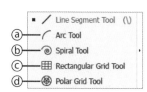

ⓐ **영역 텍스트 툴:** 영역 안에 텍스트를 입력합니다.

ⓑ **패스 텍스트 툴:** 패스를 따라 텍스트를 입력합니다.

ⓒ **세로 텍스트 툴:** 텍스트를 세로로 입력합니다.

ⓓ **영역 세로 텍스트 툴:** 영역 안에 텍스트를 세로로 입력합니다.

ⓔ **터치 텍스트 툴:** 입력된 글자를 한 글자씩 개별로 선택하여 크기, 각도 등을 개별 설정합니다.

❽ 선분 툴(\): 직선을 그립니다.

ⓐ **호 툴:** 호를 그립니다.

ⓑ **나선 툴:** 나선을 그립니다.

ⓒ **사각 그리드 툴:** 사각형 그리드를 그립니다.

ⓓ **극좌표 그리드 툴:** 원형 그리드를 그립니다.

❾ 사각형 툴(M): 사각형을 그립니다.

ⓐ **둥근 사각형 툴:** 모서리가 둥근 사각형을 그립니다.

ⓑ **원형 툴:** 타원 또는 정원을 그립니다.

ⓒ **다각형 툴:** 지름과 면의 수에 따라 다각형을 그립니다.

ⓓ **별 툴:** 지름과 각의 수에 따라 별 모양을 그립니다.

ⓔ **플레어 툴:** 광선을 그립니다.

❿ 브러시 툴(B): 브러시로 선을 그립니다.

ⓐ **물방울 브러시 툴(Shift+B):** 면으로 인식되는 브러시 선을 그립니다.

⓫ 모양 툴(Shift+N): 자유롭게 드래그하여 그린 선과 도형을 매끄럽게 표현합니다.

ⓐ **연필 툴(N):** 드래그하는 대로 자연스러운 선을 그립니다.

ⓑ **스무드 툴:** 그려진 패스 선을 매끄럽게 수정합니다.

ⓒ **패스 지우개 툴:** 패스를 지웁니다.

ⓓ **연결 툴:** 끊어진 두 개의 기준점을 드래그하여 연결합니다.

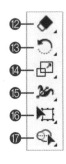

⑫ **지우개 툴(Shift + E):** 오브젝트를 지워 닫힌 패스로 만듭니다.

ⓐ **가위 툴(C):** 패스 선을 분리하여 열린 패스로 만듭니다.

ⓑ **나이프 툴:** 면을 나눠 각각의 오브젝트로 만듭니다.

⑬ **회전 툴(R):** 오브젝트를 원하는 각도로 회전합니다.

ⓐ **반전 툴(O):** 오브젝트를 수직, 수평, 원하는 각도로 반전합니다.

⑭ **스케일 툴(S):** 오브젝트의 크기를 조절합니다.

ⓐ **기울기 툴:** 오브젝트의 기울기를 조절합니다.

ⓑ **변형 툴:** 오브젝트의 모양을 자유롭게 변형합니다.

⑮ **폭 툴(Shift + W):** 패스 선의 두께를 조절하며 기준점을 이동, 복제, 삭제할 수 있습니다.

ⓐ **왜곡 툴(Shift + R):** 선택한 오브젝트를 드래그한 방향으로 늘립니다.

ⓑ **휘감기 툴:** 클릭한 만큼 감깁니다.

ⓒ **오목 툴:** 클릭한 지점을 중심으로 오므라듭니다.

ⓓ **볼록 툴:** 클릭한 지점을 중심으로 볼록해집니다.

ⓔ **부채꼴 툴:** 클릭한 지점을 중심으로 부채꼴 모양의 주름으로 오그라듭니다.

ⓕ **크리스털 툴:** 클릭한 지점을 중심으로 밖으로 날카롭게 퍼지는 주름이 만들어집니다.

ⓖ **주름 툴:** 드래그한 방향에 따라 수평 및 수직 주름이 만들어집니다.

⑯ **자유 변형 툴(E):** 자유롭게 오브젝트의 크기, 기울기, 회전 등을 변경합니다.

ⓐ **퍼펫 뒤틀기 툴:** 오브젝트의 일부분을 클릭하면 핀이 추가되고, 이 핀을 기준으로 뒤틀거나 왜곡을 줄 수 있습니다.

⑰ **도형 구성 툴(Shift + M):** 겹쳐 있는 오브젝트를 합치거나 나눕니다.

ⓐ **라이브 페인트통 툴(K):** 영역을 감지하여 색을 채웁니다.

ⓑ **라이브 페인트 선택 툴(Shift + L):** 라이브 페인트통 툴로 색을 채운 오브젝트를 선택합니다.

⑱ 원근 그리드 툴(Shift+P): 원근 그리드를 만들어 입체 오브젝트를 그립니다.

ⓐ **원근 선택 툴(Shift+V):** 원근 그리드 툴로 만든 오브젝트를 선택합니다.

⑲ 메시 툴(U): 그물망 형태의 기준점들을 추가하여 그레이디언트를 정교하게 만듭니다.

⑳ 그레이디언트 툴(G): 그레이디언트를 적용하여 그레이디언트의 방향과 거리를 조절할 수 있습니다.

㉑ 스포이트 툴(I): 클릭한 오브젝트의 속성을 추출합니다.

ⓐ **측정 툴:** 드래그한 지점의 좌표와 길이를 알 수 있습니다.

㉒ 블렌드 툴(W): 두 개 이상의 패스 속성을 자연스럽게 연결하여 중간 단계 변화를 나타냅니다.

㉓ 심벌 스프레이 툴(Shift+S): 심벌을 분사합니다.

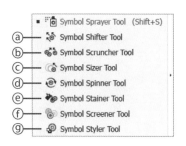

ⓐ **심벌 이동 툴:** 심벌을 이동합니다.

ⓑ **심벌 스크런처 툴:** 심벌을 안쪽으로 모읍니다. Alt 키를 누른 채 드래그하면 바깥쪽으로 흩어집니다.

ⓒ **심벌 크기 조절 툴:** 심벌의 크기를 조절합니다.

ⓓ **심벌 회전 툴:** 심벌의 각도를 조절합니다.

ⓔ **심벌 색상 변경 툴:** 심벌의 색상을 변경합니다.

ⓕ **심벌 불투명도 조절 툴:** 심벌의 불투명도를 조절합니다.

ⓖ **심벌 스타일 툴:** 심벌에 그래픽 스타일을 적용합니다.

㉔ 세로 막대 그래프 툴(J): 세로형 막대 그래프를 만듭니다.

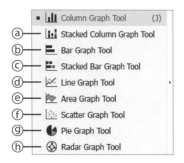

ⓐ **세로 누적 막대 그래프 툴:** 세로형 누적 막대 그래프를 만듭니다.

ⓑ **가로 막대 그래프 툴:** 가로형 막대 그래프를 만듭니다.

ⓒ **가로 누적 막대 그래프 툴**: 가로형 누적 막대 그래프를 만듭니다.

ⓓ **선 그래프 툴**: 꺾은선 그래프를 만듭니다.

ⓔ **영역 그래프 툴**: 면으로 된 그래프를 만듭니다.

ⓕ **점 그래프 툴**: 점 그래프를 만듭니다.

ⓖ **파이 그래프 툴**: 파이형 그래프를 만듭니다.

ⓗ **방사형 그래프 툴**: 방사형 그래프를 만듭니다.

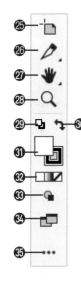

㉕ **아트보드 툴(`Shift`+`O`)**: 아트보드의 개수, 크기, 위치를 수정합니다.

㉖ **슬라이스 툴(`Shift`+`K`)**: 이미지를 분할합니다.
　ⓐ **슬라이스 선택 툴**: 분할된 이미지를 선택합니다.

㉗ **손바닥 툴(`H`)**: 드래그하여 이동합니다. 다른 툴이 선택된 상태에서 `Spacebar`를 누르면 손바닥 툴을 사용할 수 있습니다.

　ⓐ **회전 보기 툴(`Shift`+`H`)**: 아트보드를 회전하여 볼 수 있습니다.
　ⓑ **인쇄 영역 툴**: 인쇄할 영역을 수정할 수 있습니다.

㉘ **돋보기 툴**: 화면을 확대하거나 축소합니다. 더블 클릭하면 작업 화면 비율이 100%로 됩니다.

㉙ **면 색, 선 색 초기화**: 면 색은 흰색, 선 색은 검은색, 선의 굵기는 1px로 초기화됩니다.

㉚ **면 색과 선 색 바꾸기(`Shift`+`X`)**: 면 색과 선 색을 서로 바꿉니다.

㉛ **면 색과 선 색**: 면 색과 선 색입니다.

㉜ 면 색과 선 색을 단색, 그레이디언트, 투명으로 바꿉니다.

㉝ **그리기 모드(`Shift`+`D`)**: 그리기 모드를 선택합니다. 일반 모드, 오브젝트 뒤에 그리기, 오브젝트 안에만 그리기입니다.

㉞ **화면 모드**: 작업 창이 분리된 기본 모드, 화면을 꽉 채운 모드, 풀스크린 모드(`Esc`를 누르면 일반 모드로 복귀)입니다.

㉟ **Edit Toolbar**: 툴 패널에서 사용하는 툴들을 추가, 삭제하는 등 편집을 할 수 있습니다.

● 주요 패널 소개

패널은 툴을 선택했을 때 옵션을 제공합니다. 원하는 패널을 열고 싶을 때는 메뉴 바의 [Window]에서 해당 패널을 선택하면 됩니다. 패널 이름 앞에 체크된 패널들만 작업화면에 나타납니다.

[Windows]

❶ Layers 패널

이미지 구성을 알 수 있는 패널로 모든 이미지는 한 개 이상의 레이어로 구성되어 있습니다. 레이어에 다양한 효과를 적용할 수 있습니다.

❷ Stroke 패널

선 두께, 모양 등 옵션을 설정합니다. 세부 옵션에서는 점선, 화살표 등도 설정할 수 있습니다.

❸ Properties 패널

오브젝트의 세부 속성을 설정할 수 있습니다.

❹ Transform 패널

오브젝트의 위치, 크기, 각도, 기울기 등을 조절합니다.

❺ Color 패널

면 색과 선 색을 선택합니다. 작업 파일의 색상 모드도 변경할 수 있습니다.

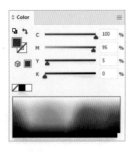

❻ Swatches 패널

견본으로 제공하는 색상을 선택하여 적용하거나 자주 사용하는 색상을 등록할 수 있습니다.

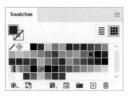

❼ Color Guide 패널

제공하는 여러 가지 배색을 적용하거나 색을 저장할 수 있습니다.

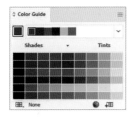

❽ Gradient 패널

그레이디언트를 적용하거나 그레이디언트의 타입, 색상 편집, 각도, 불투명도 등을 설정할 수 있습니다.

❾ Transparency 패널

블렌딩 모드, 불투명도, 마스크를 적용할 수 있습니다.

❿ Image Trace 패널

여러 가지 설정을 통해 비트맵 이미지를 벡터 이미지로 만들 수 있습니다.

⑪ Pathfinder 패널

두 개 이상의 오브젝트를 재구성하여 형태를 만들 수 있습니다.

⑫ Align 패널

오브젝트들을 정렬하고 분배할 수 있습니다.

⑬ Character 패널

폰트, 크기, 행간, 자간, 장평 등을 설정할 수 있습니다.

⑭ Paragraph 패널

단락의 정렬, 들여쓰기, 내어쓰기 등을 편집할 수 있습니다.

⑮ Character Styles 패널

자주 사용하는 문자 스타일을 등록하고 관리할 수 있습니다.

⑯ Paragraph Styles 패널

자주 사용하는 단락 스타일을 등록하고 관리할 수 있습니다.

⑰ Tabs 패널

문자나 단락의 탭 위치를 지정할 수 있습니다.

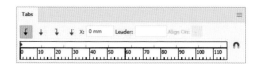

⑱ Glyphs 패널

선택한 폰트에서 이용할 수 있는 특수문자를 넣을 수 있습니다.

⑲ Brushes 패널

제공되는 다양한 브러시를 사용할 수 있으
며 브러시를 만들고 등록하여 사용할 수 있
습니다.

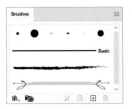

㉑ Graphic Styles 패널

오브젝트에 적용할 수 있는 그래픽 스타일
들이 있습니다.

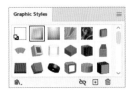

㉓ Navigator 패널

작업 화면을 축소, 확대할 수 있으며 빨간 네
모 영역을 통해 현재 보여지는 화면을 설정
할 수 있습니다.

㉕ Links 패널

링크된 오브젝트를 확인하고 갱신하거나 대
체할 수 있습니다.

⑳ Symbols 패널

반복적으로 사용되는 요소를 심벌로 등록하
여 사용할 수 있습니다.

㉒ Magic Wand 패널

브러시 옵션을 조절하는 것은 물론, 새로운
브러시를 등록하여 사용할 수 있습니다.

㉔ Appearance 패널

오브젝트에 적용된 면 색, 선 색, 불투명도
등을 설정할 수 있습니다.

㉖ Info 패널

선택한 오브젝트의 위치, 크기, 선 등의 정보
를 보여줍니다.

❷❼ Actions 패널

반복되는 작업을 기록하여 다음 작업에 한 번에 실행시켜 쉽게 적용할 수 있습니다.

❷❽ Flattener Preview 패널

작업에 적용된 불투명도를 출력할 때 사용합니다.

❷❾ History 패널

작업 과정이 단계별로 기록되어 이전 단계로 쉽게 이동할 수 있습니다.

❸⓪ 3D and Materials 패널

오브젝트를 입체로 만들고 질감과 조명을 설정할 수 있습니다.

❸❶ Pattern Options 패널

패턴 이름이나 타입, 패턴 너비와 높이 등 다양한 패턴 적용 방식을 설정할 수 있습니다.

❸❷ Asset Export 패널

[Asset Export] 패널에 드래그하여 등록한 일러스트는 다양한 크기와 파일로 내보낼 수 있습니다.

㉝ Comments 패널

클라우드 기반으로 공동 작업자가 작업 정보를 코멘트로 남길 수 있습니다.

㉞ Document Info 패널

작업 창에 대한 기본 정보를 표시합니다.

---

1 · 기능 예제 ·   **툴, 패널, 메뉴 가볍게 맛보기**

● 패널 분리하기

패널 이름을 클릭&드래그하여 분리할 수 있습니다.

● 패널 합치기, 옮기기

분리된 패널들을 드래그하여 합칠 수도 있고, 패널을 아래쪽으로 드래그하면 파란 선이 나타나는데 그 자리로 패널을 드래그하여 옮길 수도 있습니다.

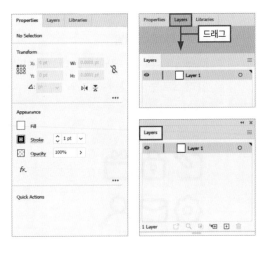

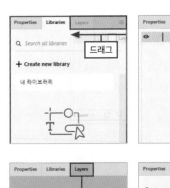

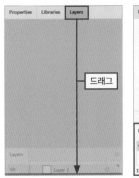

● 패널 열기, 닫기

패널들은 [Window] 메뉴에 들어 있는데 메뉴 이름 앞에 체크 표시된 것들만 현재 작업 화면에 나타나 있습니다.

사용하지 않는 패널은 ✖를 클릭하여 닫을 수 있고, 닫힌 패널을 작업 화면에 나타나게 하려면 해당 메뉴를 클릭하면 됩니다.

● 패널 최소, 최대

패널 이름 앞의 화살표(⬍)로는 툴 패널의 높이를 조절할 수 있습니다.

오른쪽 상단의 화살표(◀◀)를 클릭하여 최소화할 수 있습니다.

● 모든 패널 숨기기

Tab을 누르면 패널 없이 작업한 이미지를 볼 수 있습니다. 다시 Tab을 누르면 패널들이 나타납니다.

● 파일 불러오기-Open과 Place

Open은 파일이 새 창으로 열리는 것이고, Place는 현재 작업 중인 창으로 가져오는 것을 말합니다. 일러스트레이터에서 이미지를 불러온다는 것은 대부분 작업 중인 창에 넣기 위함이므로 Open으로 불러오면 열어서 다시 옮겨야 하는 번거로움이 있기 때문에 Place를 사용합니다.

Open

1. [File]-[Open] 메뉴를 선택하거나 단축키 **Ctrl** +**O**를 누릅니다. 또는 홈 화면에서 [Open]을 클릭합니다.
2. 대화상자가 나타나면 파일을 선택하고 [Open]을 클릭합니다.

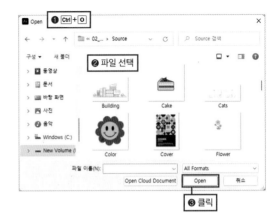

Place

1. [File]-[Place] 메뉴를 선택합니다.
2. 대화상자가 나타나면 파일을 선택하고 [Place]를 클릭합니다.

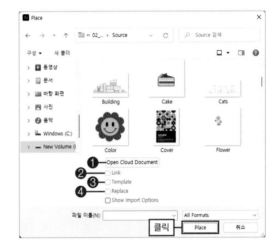

❶ **Open Cloud Document**: 클라우드에 저장한 파일을 불러옵니다.

❷ **Link**: 원본 이미지를 불러오지 않고 링크만 하여 불러오기 때문에 작업 파일 크기가 작아지는 장점이 있습니다. 가져온 이미지 파일을 포함(Embed)하지 않으면 다른 컴퓨터에서 열었을 때 이미지가 보이지 않습니다. 옵션 창에서 보면 불러온 파일이 포함되지 않고 연결된 상태임을 알 수 있습니다.

❸ **Template**: 이미지를 불러와서 배경 이미지로 사용할 때 불투명도를 낮춰 이미지가 흐리게 보이고 수정할 수 없게 잠긴 상태로 들어옵니다.

❹ **Replace**: 이미 삽입된 이미지를 선택한 후 다른 이미지로 교체할 때 사용합니다.

파일 불러오기

◎ **준비 파일**: chapter1/Rabbit2.png, Background.ai

이미 만들어진 일러스트레이터 파일을 열어보겠습니다.

01 이 [File]-[Open] 메뉴를 선택하거나 단축키 Ctrl+O 를 누릅니다. 대화상자가 나타나면 Background.ai 파일을 선택하고 [Open]을 클릭합니다.

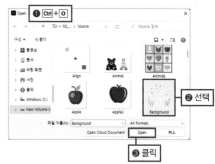

02 홈 화면에서는 [Open]을 클릭하여 엽니다. 홈 화면 하단에는 최근 작업 파일들이 미리보기로 나타납니다. 이 섬네일을 클릭해도 파일을 열 수 있습니다.

03 배경 이미지가 열리면 [File]-[Place] 메뉴를 선택하고 Rabbit2.png 파일을 선택한 후 Link를 체크하고 [Place]를 클릭합니다.

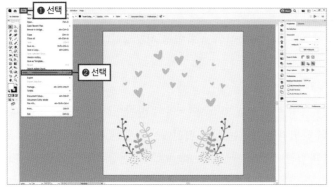
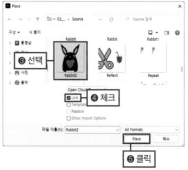

04 미리보기 형태로 이미지가 보이면 클릭&드래그하여 가운데에 놓습니다.

[Properties] 패널에서 보면 이미지가 'Linked File'로 나타납니다. 하단의 'Embed'를 클릭하면 'Image'로 바뀌는 것을 확인할 수 있습니다.

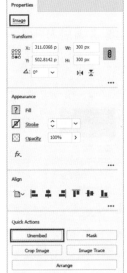

● 파일 저장하기

1) 기본 저장 Save

[File]-[Save] 메뉴를 선택하면 일러스트레이터 파일인 ai 파일로 저장됩니다.

2) 다양한 파일 형식으로 저장하는 Save As

새로운 이름으로 저장하거나 다른 파일 형식으로 저장 또는 하위 버전으로 저장하고 싶을 때 Save As를 사용합니다. 일러스트레이터 하위 버전에서는 상위 버전에서 작업한 파일을 열었을 때 오류가 날 수 있습니다. 따라서 인쇄소에 파일을 전달할 때는 'Illustrator CS'로 저장하는 것이 좋습니다.

❶ 일러스트레이터 전용 파일입니다.

❷ 출판, 전자책을 만들 때 주로 사용하며 가장 안전하게 열리는 파일 포맷입니다.

❸ ai 파일처럼 벡터 기반 파일로 인쇄용으로 많이 사용합니다. CMYK를 지원하여 분판으로 출력할 수 있습니다.

❹ 일러스트레이터에서 사용할 수 있는 템플릿 형식으로 저장합니다.

❺ 벡터 그래픽을 위한 XML 기반의 파일 형식입니다.

❻ SVG 파일을 압축하여 저장하는 파일 형식입니다.

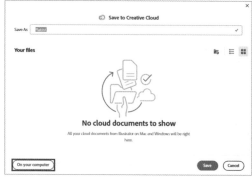

3) 어도비 클라우드에 저장하기

[File]-[Save As] 메뉴를 선택하고 대화상자에서 'Save Cloud Document'를 클릭하여 저장할 수 있습니다. 저장하면 파일 앞에 클라우드 아이콘이 붙습니다. 홈 화면의 Your files를 선택하면 클라우드에 있는 파일들을 볼 수 있습니다.

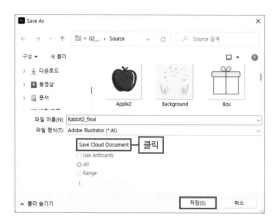

Save Cloud Document는 클라우드에 저장할 때 사용합니다. 클라우드가 아닌 컴퓨터에 저장할 때는 'On your computer'를 클릭하여 저장하면 됩니다. Bear.ai 파일을 불러와서 클라우드에 저장합니다.

클라우드 문서는 기본적으로 5분마다 자동 저장이 가능하고, 시간은 [Edit]-[Preferences]-[File Handling] 메뉴에서 설정할 수 있습니다. 클라우드 문서로 저장하면 다른 사람들도 쉽게 확인할 수 있도록 공유할 수 있고 언제, 어디서나 작업이 가능합니다.

01 **Ctrl**+**O**를 클릭하고 하단의 Open Cloud Document를 클릭하여 클라우드 문서로 저장한 파일을 불러옵니다. 오른쪽 상단의 아이콘을 클릭합니다.

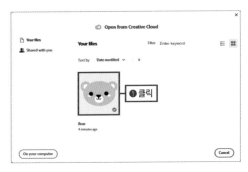

02 [Share document] 패널 상단의 설정 아이콘이나 하단의 'Change'를 클릭합니다.
[Settings] 패널에서 'Anyone with the link can view'를 클릭하고 'Comment'를 활성화합니다. [Settings] 패널 앞의 화살표를 클릭하여 이전 화면으로 돌아갑니다.

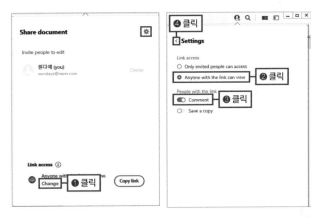

03 하단의 'Copy link'를 클릭하면 공유 링크를 복사할 수 있습니다. 웹 브라우저에서 복사한 주소를 **Ctrl**+**V**를 눌러 넣고 **Enter**를 눌러 접속합니다.

04 송곳 아이콘(📌)을 클릭하여 이미지의 일부를 클릭한 후 댓글 달기에 내용을 입력하고 '제출'을 클릭하면 댓글이 작성됩니다. [Comments] 패널에서 작성된 댓글을 확인할 수 있습니다.

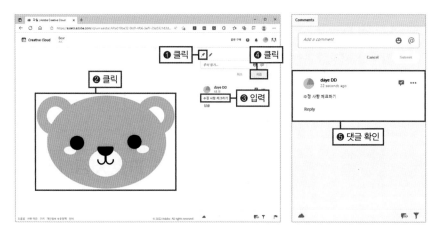

4) 다양한 형식으로 저장하는 Export

Export는 일러스트레이터에서 작업한 내용을 다른 프로그램에서 이용하기 위해 내보낼 때 사용합니다.

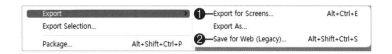

❶ **Export for Screens**: 모바일용으로 한번에 여러 가지 포맷으로 저장할 수 있습니다.

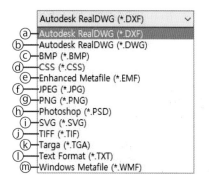

ⓐ 오토캐드에서 3D 프로그램으로 전환 시 사용합니다.

ⓑ 오토캐드 전용 파일로 도면을 저장하는 파일입니다.

ⓒ 윈도 표준 그래픽 파일 형식입니다.

ⓓ HTML의 스타일시트로 저장합니다.

ⓔ 마이크로소프트에서 만든 벡터 그래픽 파일 형식입니다.

ⓕ 이미지 저장 시 가장 많이 사용하는 파일 형식입니다.

ⓖ jpg와 gif의 장점을 모아 만든 파일 형식입니다.

ⓗ 레이어가 살아 있는 포토샵 전용 파일입니다.

ⓘ 벡터 그래픽을 구현하기 위한 XML 기반의 파일 형식입니다.

ⓙ 사용자가 수정해서 사용할 수 있는 파일 형식입니다.

ⓚ 영상 작업이나 3D 배경으로 사용됩니다.

ⓛ 텍스트 파일 형식입니다.

ⓜ 벡터 기반의 파일 형식입니다.

❷ **Save for Web**: 웹에서 사용하는 jpg, gif, png 파일로 파일 크기나 퀄리티를 조절하며 저장할 수 있습니다.

5) 모바일용 저장에 효과적인 Asset Export

Asset Export는 이미지의 일부만 저장할 수 있습니다. 이미지의 일부만 클릭하고 [Asset Export] 패널로 드래그하여 저장할 수 있습니다.

◎ **준비 파일**: chapter1/Icon.ai

01 Ctrl+O를 눌러 Icon.ai 파일을 불러옵니다.

02 [Window]-[Asset Export] 메뉴를 선택하여 패널을 엽니다. Shift를 누른 채 'Asset 6'을 클릭하여 전체 선택을 합니다.

03 'Add Scale'을 클릭하여 2배수 아이콘을 추가한 후 [Export]를 클릭합니다.

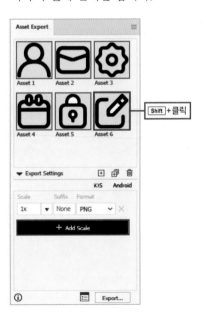

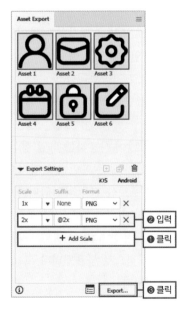

04 저장할 폴더를 선택하여 클릭합니다.

05 폴더가 만들어지면서 아이콘들이 저장됩니다.

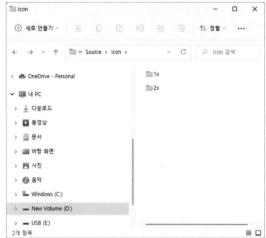

06 폴더를 열어서 확인하면 각 1배수와 2배수의 아이콘들이 저장된 것을 볼 수 있습니다.

화면을 자유롭게 다루기-이동, 확대, 축소

◎ **준비 파일**: chapter1/Cartoon.ai

아트보드의 크기를 조절해 보겠습니다.

01 [File]-[Open] 메뉴를 선택하거나 Ctrl+O 를 눌러 Cartoon.ai 파일을 불러옵니다.

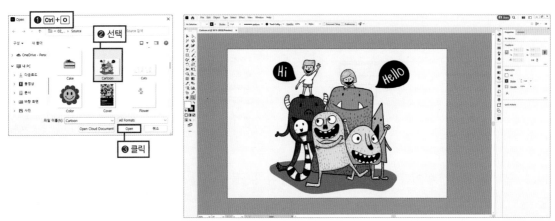

02 툴 패널에서 돋보기 툴(🔍)을 선택합니다. 이미지 위를 클릭하면 이미지가 확대됩니다. 또는 단축키 Ctrl++ 를 누릅니다. 작업 창 왼쪽 하단을 보면 비율이 나타납니다.

03 돋보기 툴(🔍)이 선택된 상태에서 `Spacebar`를 누르면 손바닥 툴(✋)이 나타나는데 드래그하여 이미지를 밀어서 안보이는 부분을 볼 수 있습니다.

04 `Alt`를 누른 채 클릭하면 축소됩니다.

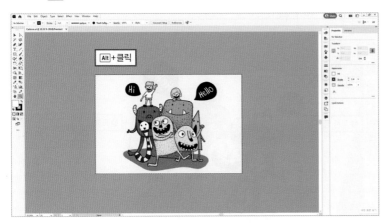

05 이미지의 일부를 클릭&드래그하면 그 부분만 확대됩니다.

06 툴 패널에서 돋보기 툴(🔍)을 더블 클릭하면 아트보드를 다시 100%의 비율로 볼 수 있습니다.
툴 패널에서 손바닥 툴(✋)을 더블 클릭하면 화면에 꽉 차는 비율로 볼 수 있습니다.

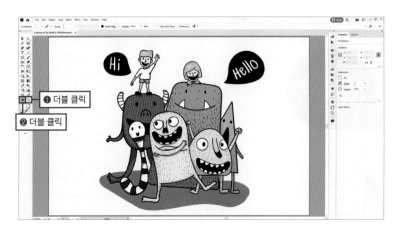

07 손바닥 툴(✋) 밑의 회전 보기 툴을 선택하고 드래그하면 아트보드를 회전시킬 수 있고, 회전 보기 툴(🖐)을 더블 클릭하면 회전하기 전으로 돌아옵니다.

● 새 문서와 아트보드

1) 새 문서 만들기

메뉴 바에서 [File]-[New]를 선택하거나 Ctrl+N을 눌러 대화상자에서 파일 이름, 크기, 컬러 모드 등을 설정하여 새 문서를 만듭니다.

New Document 대화상자 알고 가기

- **탭**: 작업 목적에 따라 분류되어 있으며 Recent는 최근 설정한 파일입니다. 선택하면 BLANK DOCUMENT PRESETS에서 미리 정의된 포맷들을 선택할 수 있습니다.
- **TEMPLATES**: 검색으로 디자인 템플릿을 찾을 수 있습니다.

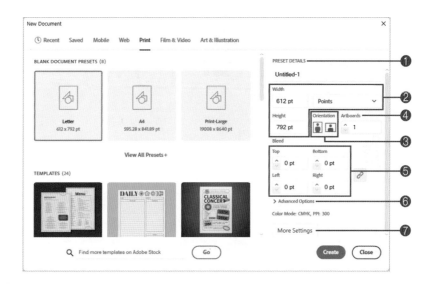

❶ 파일 이름을 입력합니다.
❷ 아트보드의 가로, 세로를 입력하고, 단위를 선택합니다.
❸ 아트보드의 방향을 세로나 가로로 선택합니다.
❹ 아트보드의 개수를 설정합니다.
❺ 상하, 좌우의 여백을 설정합니다.
❻ **Advanced Options**: 래스터 효과를 적용했을 때의 해상도와 비트맵 방식으로 저장 시 미리보기를 설정할 수 있습니다.
❼ **More Settings**: 아트보드의 정렬 방식, 간격 등의 세부사항을 설정할 수 있습니다.

2) 아트보드 알고 가기

◉ **준비 파일**: chapter1/Artboard.ai

문서에서 흰색의 작업 영역을 아트보드라고 하며, 한 문서에 아트보드를 여러 개 설정할 수 있습니다. [Window]-[Artboards] 메뉴를 선택하면 [Artboards] 패널이 열립니다. 아트보드를 추가, 삭제하거나 순서 등을 조절할 수 있습니다.

4개의 아트보드로 되어 있고 선택된 아트보드는 검은색 테두리가 잡혀 있습니다. 문서 하단에는 화면 비율과 함께 현재 몇 번째 아트보드가 선택되어 있는지 표시됩니다.

[Artboards] 패널을 살펴보겠습니다.

❶ **Rearrange All Artboard**: 아트보드 전체를 재정렬합니다.

❷ **Move Up/Down**: 아트보드 순서를 바꿉니다.

❸ **New Artboard**: 아트보드를 추가합니다.

❹ **Delete Artboard**: 아트보드를 삭제합니다.

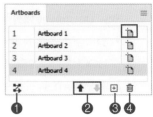

Artboard Options 대화상자 알고 가기
아트보드의 레이아웃, 간격 등을 설정할 수 있습니다.

❶ **Name**: 아트보드 이름을 입력합니다.

❷ **Preset**: 설정된 아트보드를 선택할 수 있습니다.

❸ 가로, 세로, 폭, 높이를 설정할 수 있습니다.

❹ **좌표 점의 위치 설정**: 기준점을 설정할 수 있습니다.

❺ 가로, 세로 방향을 설정할 수 있습니다.

체크된 상태로 아트보드를 옮기면 아트보드 안에 있는 오브젝트들도 함께 옮겨집니다.

툴 패널에서 아트보드 툴(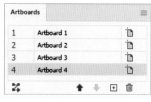)을 선택하면 아트보드 이름들이 표시됩니다.

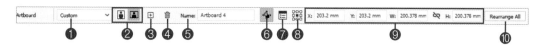

❶ **Select Preset**: 미리 설정된 포맷들이 있습니다.

❷ **Portrait/Landscape**: 아트보드 방향을 가로 또는 세로로 선택합니다.

❸ **New Artboard**: 아트보드를 추가합니다.

❹ **Delete Artboard**: 아트보드를 삭제합니다.

❺ **Name**: 아트보드 이름을 입력합니다.

❻ **Move/Copy Artwork with Artboard**: 아트보드를 이동하거나 Alt 를 누른 채 드래그하여 복제합니다.

❼ **Artboard Options**: 디테일한 설정들을 할 수 있습니다.

❽ **Reference Point**: 아트보드 기준점을 설정합니다.

❾ **X/Y, W/H**: 아트보드의 위치, 가로, 세로를 설정합니다.

❿ **Rearrange All**: 모든 아트보드를 재정렬합니다.

● Preset 설정

시작 화면에서 [Create New]를 클릭하거나 [File]-[New] 메뉴를 선택합니다.

[New Document] 대화상자에서 [Print] 탭을 선택한 후 오른쪽에서 단위는 mm, 작업 창 방향, 컬러 모드는 CMYK를 확인하고 [Create]를 클릭합니다. 파일 이름, 현재 비율, 컬러 모드는 파일 탭에서 확인할 수 있습니다.

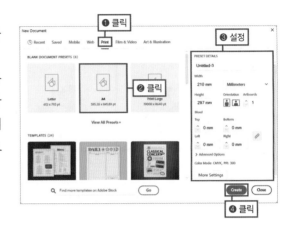

● 직접 설정

제공되는 preset을 이용하지 않고 직접 설정할 때는 파일 이름, 단위 설정, 크기, 컬러 모드를 원하는 대로 설정할 수 있습니다. 크기를 입력할 때는 단위를 먼저 설정하고 수치를 기입합니다.

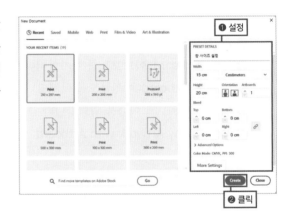

하나의 작업 문서에 여러 개의 아트보드를 만들어 보겠습니다.

[File]-[New] 메뉴를 선택합니다. Artboards에 2를 입력하고 [Create]를 클릭하면 두 개의 아트보드가 만들어집니다.

홈 화면에서 새 아트보드를 만들 경우에는 [New file]을 선택하여 만들면 됩니다.

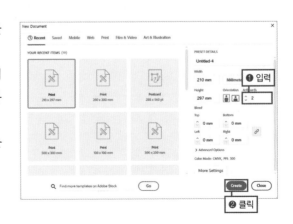

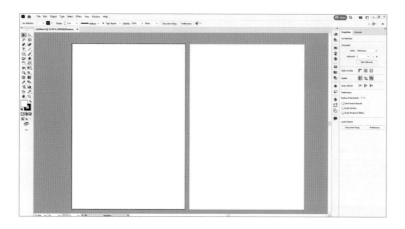

● 아트보드 추가, 삭제, 크기 수정

툴 패널에서 아트보드 툴을 선택합니다. 아트보드를 추가하는 방법은 옵션 창에서 버튼을 클릭하
거나 [Properties] 패널에서 Artboards의 버튼을 클릭합니다.

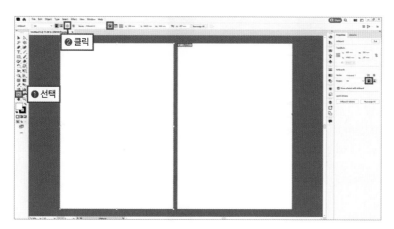

또는 [Window]-[Artboards] 메뉴를 선택하여 [Artboards] 패널에서 버튼을 더블 클릭합니다. 아트
보드가 두 개 추가되어 4개가 되었습니다.

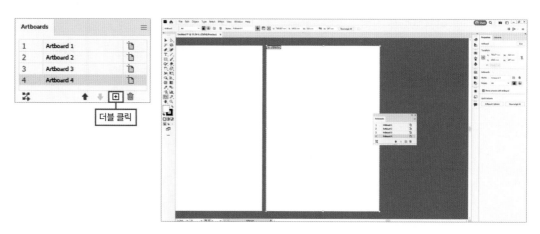

툴 패널에서 돋보기 툴()을 선택하고 Alt를 누른 채 드래그하여 전체를 봅니다.

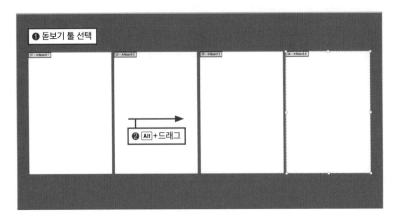

배치를 바꿔보겠습니다. 'Rearrange All Artboards'를 클릭합니다. [Rearrange All Artboards] 대화 상자에서 Columns는 2, Spacing은 10mm로 설정하고 [OK]를 클릭합니다.

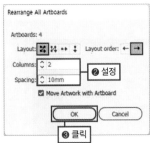
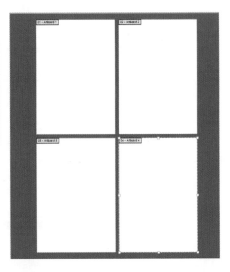

휴지통 아이콘()을 클릭하여 4번 아트보드를 삭제합니다.

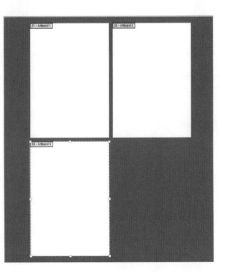

[Artboards] 패널에서 옵션 아이콘(📖)을 클릭하여 대화상자를 엽니다. [Artboard Options] 대화
상자에서 Artboard 3의 가로폭을 430mm, 세로폭을 100mm로 설정하고 [OK]를 클릭한 후 클릭&
드래그하여 위치를 옮깁니다. 툴 패널에서 다른 툴을 클릭하거나 Esc를 누르면 편집 모드에서 일
반 모드로 돌아옵니다.

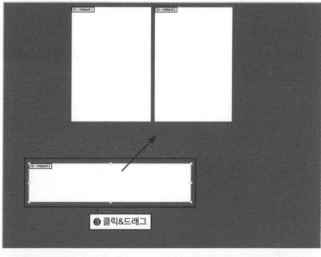

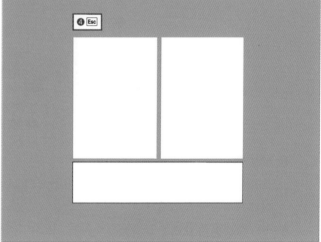

레이어 이해하고
잠금, 숨김, 이동 등의 기능 알아보기

레이어란 무엇이고 어떤 것들로 이뤄져 있는지 알아봅니다. 상위 레이어와 하위 레이어, 레이어 숨기기, 레이어 잠그기, 레이어 표시, 레이어 이동 등의 여러 기능에 대해 간단하게 살펴봅니다.

레이어(Layer)는 하나의 투명판으로 이해하면 됩니다. 이러한 여러 판들이 모여 이미지를 만듭니다. 포토샵과 달리, 벡터 속성의 일러스트레이터에서는 작업 시 자동으로 레이어가 만들어집니다.

● 레이어 패널

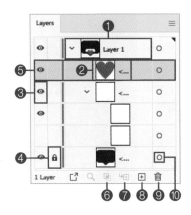

❶ **상위 레이어**: 글자를 더블 클릭하면 레이어 이름을 변경할 수 있습니다. 섬네일이나 이름 옆 부분을 더블 클릭하면 옵션 창이 뜹니다. [Layer Options] 대화상자에서 레이어 색상 표시 등의 옵션을 수정할 수 있습니다.

❷ **하위 레이어**: 작업을 하면 자동으로 하위 레이어가 만들어집니다.

❸ **레이어 숨기기**: 눈을 끄고 켜고 하여 안보이거나 보이게 할 수 있습니다.

❹ **레이어 잠그기**: 수정할 수 없도록 잠그는 기능으로 다시 클릭하면 해제됩니다.

❺ **레이어 표시**: 선택된 레이어가 표시됩니다.

❻ **마스크 만들기**: 오브젝트를 선택하고 아이콘을 클릭하면 마스크 영역으로 만듭니다.

❼ **하위 레이어 만들기**: 하위 레이어를 만듭니다.

❽ **레이어 만들기**: 새 레이어를 만듭니다.

❾ **레이어 삭제하기**: 레이어를 선택하고 삭제를 클릭하거나 아이콘으로 드래그하면 레이어를 삭제할 수 있습니다.

❿ **오브젝트 선택하기**: ○를 선택하면 해당 레이어가 선택됩니다.

선택과 배치

일러스트레이터의 주요 기능 중 하나인 오브젝트를 선택하고 이동, 복제, 회전하는
방법들을 학습하면 일러스트레이터와 훨씬 친숙해질 수 있을 것입니다.

오브젝트의 선택, 이동, 복제, 변형

ILLUSTRATOR
01
LESSON

오브젝트 선택하기, 선택 추가하기, 한번에 여러 개 선택하기, 선택 해제하기, 이동하기 등을
살펴보고 배웁니다. 오브젝트의 크기를 변형하고 복제, 회전하는 방법도 알아봅니다.

◎ **준비 파일:** chapter2/Select.ai

일러스트레이터에서 작업 시 오브젝트를 선택하는 툴은 사용 빈도가 높습니다. 툴
패널 상단에는 오브젝트 선택 툴이 4가지가 있는데 선택 툴부터 살펴보겠습니다.

선택 툴은 오브젝트의 패스를 모두 선택할 때 사용합니다. 오브
젝트를 클릭하면 테두리에 바운딩 박스가 표시되고, 기준점이
모두 선택됩니다(기준점에는 모두 색이 채워집니다).
바운딩 박스가 보이지 않는다면 [View]-[Hide/Show Bounding
Box] 메뉴를 선택하여 체크하면 됩니다.

● 오브젝트 선택하기

1) 오브젝트 선택하기, 선택 추가하기

선택 툴로 오브젝트를 클릭하
여 선택할 수 있고 Shift 를 누
른 채 클릭하여 추가로 오브
젝트를 선택할 수 있고, 여러
개의 오브젝트가 포함되게 드
래그하여 한번에 선택할 수도
있습니다.

선택하기: 선택 툴로 오브젝트 선택

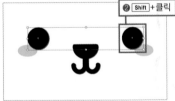

선택 추가하기: Shift +클릭

2) 오브젝트 한번에 여러 개 선택하기

선택 툴로 여러 개의 오브젝트가 포함되게 드래그하여 한꺼번
에 선택할 수 있습니다.

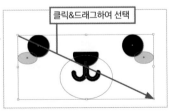

한번에 여러 오브젝트 선택하기: 클릭&드
래그

3) 오브젝트 선택 해제하기

오브젝트의 선택을 해제하려면 아트보드의 빈 영역을 클릭하면
선택이 해제되고 바운딩 박스가 사라집니다.

● 오브젝트 이동하기

1) 오브젝트 이동하기

선택된 오브젝트를 클릭한 채 드래그하면 오브젝트가 옮겨집니다. 오브젝트를 클릭한 후 Shift 를
누른 채 이동하면 수직, 수평, 45도로 이동할 수 있습니다.

2) 오브젝트 정확하게 이동하기 1

선택 툴로 오브젝트를 선택하고 툴 패널에서 선택 툴을 더블 클릭하면 대화상자가 열립니다.

1. 선택 툴로 오브젝트를 선택합니다.
2. 툴 패널에서 선택 툴을 더블 클릭합니다.
3. Horizontal을 '80mm'로 설정한 후 [OK]를 클릭합니다.
4. 80mm만큼 이동합니다.

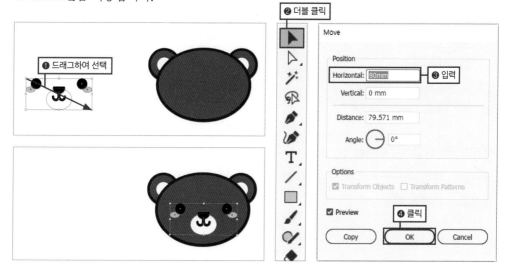

3) 오브젝트 정확하게 이동하기 2

원하는 수치를 입력하여 오브젝트를 정확하게 옮길 수 있습니다.
[Properties] 패널의 Transform 항목에서 X, Y값을 입력하여 옮길 수 있습니다.

1. 선택 툴로 오브젝트를 선택합니다.
2. [Properties] 패널의 Transform 항목에서 위치 X를 50mm에서 130mm로 변경합니다.
3. 80mm만큼 이동합니다.

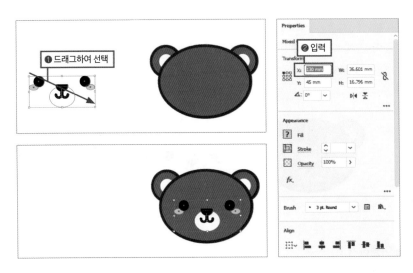

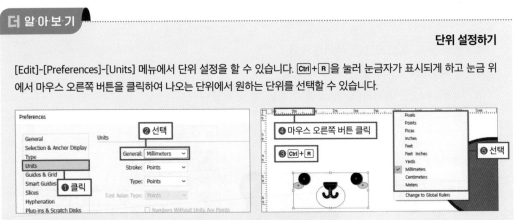

4) 오브젝트 방향키로 이동하기

키보드의 방향키로 이동하면 설정값만큼 이동하는데 Shift 를 누른 채 방향키를 클릭하면 한번에 설정값의 10배씩 이동합니다.

더·알·아·보·기

방향키로 이동거리 설정하기

[Edit]-[Preferences]-[General] 메뉴에서 방향키를 눌러 이동거리를 설정할 수 있습니다. 여기서는 1mm로 설정했기 때문에 Shift 를 누른 채 방향키를 클릭하면 10mm씩 이동합니다. Shift 를 누른 채 8번 오른쪽 방향키를 클릭합니다.

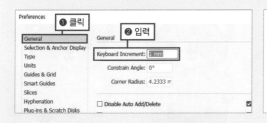

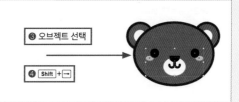

● 오브젝트 복제하기

1) 오브젝트 복제하기, 반복 복제하기

- 선택 툴로 전체를 드래그하여 선택하고 선택된 오브젝트를 클릭한 상태에서 Alt 를 누르면 마우스 포인터가 바뀝니다. 그때 드래그하여 복제할 수 있습니다.
- Alt 를 눌러 마우스 포인터가 바뀐 상태에서 Shift 를 누르고 드래그하면 수평, 수직으로 복제할 수 있습니다.

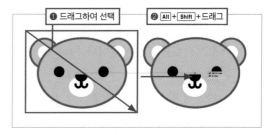

Ctrl + D 를 누르면 방금 실행한 과정이 반복됩니다. Ctrl + D 를 2번 눌러 두 개 더 복제했습니다.

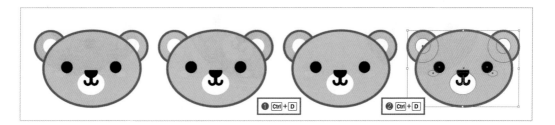

● 오브젝트 변경하기

1) 오브젝트 크기 변형하기

바운딩 박스의 조절점에 마우스를 가져가면 화살표 모양이 나타납니다. 오른쪽으로 드래그하면 오른쪽으로 늘어나고, 아래쪽으로 드래그하면 아래쪽으로 늘어납니다. Shift 를 누른 채 드래그하면 가로, 세로 비율을 유지하면서 크기를 조절할 수 있습니다.

1. 선택 툴로 선택합니다.
2. 왼쪽으로 드래그합니다. [Ctrl]+[Z]를 눌러 취소할 수 있습니다.
3. 선택 툴로 선택하고 위쪽으로 드래그합니다. [Ctrl]+[Z]를 눌러 취소할 수 있습니다.
4. 선택 툴로 선택하고 [Shift]를 누른 채 드래그합니다.

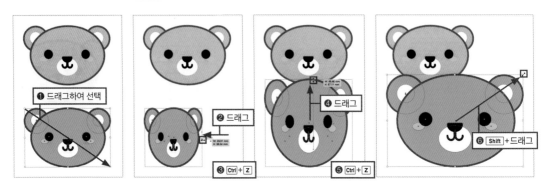

2) 오브젝트 회전하기

바운딩 박스 모서리 바깥쪽에 마우스를 가져가면 곡선 화살표 모양이 나타나는데 이때 드래그하여 오브젝트를 회전시킵니다. [Shift]를 누른 채 드래그하면 45도씩 회전할 수 있습니다.

1. 바운딩 박스 모서리 바깥쪽에 곡선 화살표 모양이 나타납니다.
2. 드래그하여 회전시킵니다.
3. [Shift]를 누른 채 드래그하여 회전시킵니다.

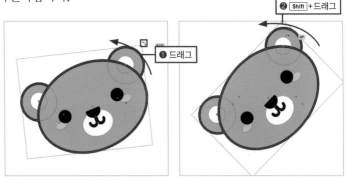

> **NOTE**   바운딩 박스를 드래그할 경우
>
> • [Alt]를 누른 채 드래그하면 중심점을 기준으로 확대, 축소됩니다.
> • [Shift]를 누른 채 드래그하면 정비율로 확대, 축소됩니다.
> • [Alt]와 [Shift]를 동시에 누른 채 드래그하면 중심점을 기준으로 정비율로 확대, 축소됩니다.

> **NOTE**   선택 툴로 오브젝트를 선택한 후 드래그할 경우
>
> • [Alt]를 누른 채 드래그하면 복제됩니다.
> • [Shift]를 누른 채 드래그하면 수평, 수직, 45도 방향으로 이동합니다.
> • [Alt]와 [Shift]를 동시에 누른 채 드래그하면 수평, 수직, 45도 방향으로 복제됩니다.

02

LESSON

직접 선택 툴과 그룹 선택 툴

직접 선택 툴과 그룹 선택 툴에 대해 알아보고 직접 선택 툴로 기준점 옮기기, 세그먼트 옮기기, 그룹 선택 툴로 그룹 안의 오브젝트 선택하기에 대해 배우고 격리 모드를 알아봅니다.

◎ **준비 파일**: chapter2/Select2.ai, Select3.ai

앞에서는 전체를 선택하는 선택 툴에 대해 학습했습니다. 이번에는 패스에서 원하는 기준점만 선택하여 형태를 부분 수정할 때 사용하는 직접 선택 툴과 여러 단계의 그룹으로 만든 오브젝트를 클릭할 때마다 순차적으로 선택하는 그룹 선택 툴에 대해 살펴보겠습니다.

부분 선택하는 직접 선택 툴은 패스에서 원하는 기준점만 선택하여 형태를 부분 수정합니다. 또한 곡선의 조절선을 드래그하여 형태를 수정할 수 있습니다.

● 직접 선택 툴

직접 선택 툴은 기준점을 클릭하거나 드래그하여 선택된 기준점만 수정합니다. 방향 선을 수정하여 방향을 바꿀 수 있고, 오브젝트의 면을 클릭하면 면 전체가 선택됩니다.

1) 기준점 옮기기

1. Select2.ai 파일을 불러옵니다.
2. 직접 선택 툴로 왼쪽 위 모서리를 클릭합니다.
3. 오른쪽으로 드래그하거나 방향키로 이동합니다.
4. 오른쪽 위 모서리를 클릭하여 왼쪽으로 드래그하거나 방향키로 이동합니다.

❶ 파일 열기
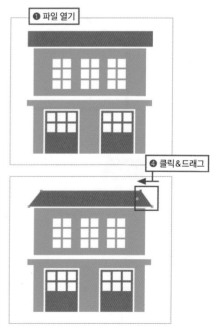

❷ 클릭
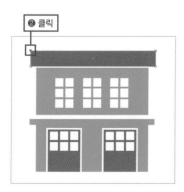

❸ 드래그

❹ 클릭&드래그

2) 세그먼트 옮기기

1. Select3.ai 파일을 불러옵니다.
2. 직접 선택 툴로 왼쪽 네모의 가운데 부분을 클릭&드래그하여 기준점 두 개를 선택합니다.
3. 위쪽으로 드래그하여 올립니다.

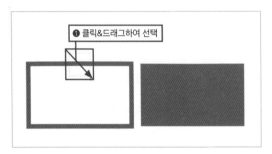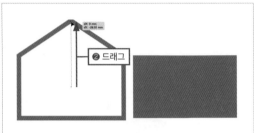

4. 오른쪽 네모의 가운데 부분을 클릭&드래그하여 기준점 두개를 선택합니다.
5. 아래쪽으로 드래그하여 내립니다.
6. 오브젝트의 면을 선택하고 이동하여 겹쳐 놓습니다.

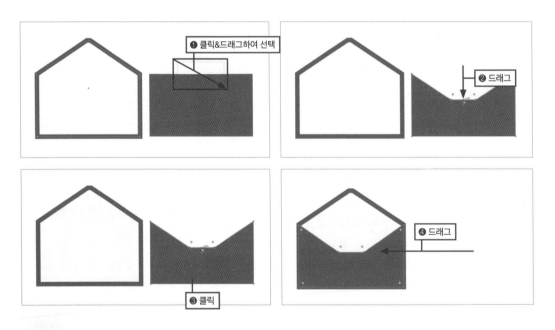

NOTE 　　　　　　　　　　　　　　　　　　　　　　　　　　　**직접 선택 툴 사용하기**

직접 선택 툴로 오브젝트를 선택하면 기준점과 패스만 나타나고 바운딩 박스는 나타나지 않습니다.

◎ **준비 파일**: chapter2/Pencil.ai

01 [File]-[Open] 메뉴를 선택하여 Pencil.ai 파일을 불러옵니다. 직접 선택 툴(▷)을 선택한 후 클릭&드래그하여 오른쪽 부분의 기준점을 선택합니다.

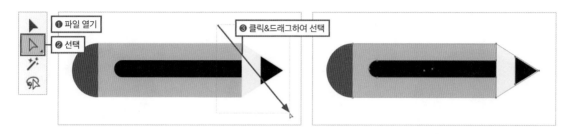

02 키보드의 오른쪽 방향키를 누르거나 오른쪽으로 드래그하여 길이를 늘입니다.

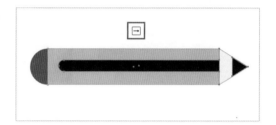

● 그룹 만들기

여러 오브젝트를 하나의 덩어리로 묶는 그룹 기능에 대해 살펴보겠습니다. 패스가 많을 경우 그룹으로 묶어서 관리하면 한꺼번에 이동, 복사 등을 할 수 있어서 편리합니다. 선택 툴(▶)로 드래그하여 여러 개의 오브젝트를 선택한 후 Ctrl+G를 누르면 그룹으로 묶입니다. 그룹으로 묶인 오브젝트는 하나의 덩어리로 인식되기 때문에 한 번의 클릭으로 오브젝트가 한꺼번에 선택됩니다. 그룹 안에 그룹의 계층 구조로 그룹을 만들 수도 있습니다. 그룹 해제 방법은 그룹으로 묶인 오브젝트를 선택한 후 Ctrl+Shift+G를 누르면 됩니다.

그룹으로 묶인 오브젝트의 일부를 클릭하면 클릭한 부분만 선택됩니다. 더블 클릭하면 그룹 전체가 선택됩니다.

◎ **준비 파일**: chapter2/Circle.ai

01 선택 툴(▶)로 흰 원을
클릭합니다.

02 Shift 를 누른 채 검정 원
을 선택한 후 Ctrl + G 를 눌러
그룹으로 만듭니다.

03 같은 방법으로 오른쪽
눈동자도 선택하고 Ctrl + G 를
눌러 그룹으로 만듭니다.

04 Shift 를 누른 채 왼쪽 눈
을 클릭하고 Ctrl + G 를 눌러 그
룹으로 만듭니다.

05 Shift 를 누른 채 코를 선
택하고 Ctrl + G 를 눌러 그룹으
로 만듭니다.

06 Shift 를 누른 채 노란 원
을 선택하고 Ctrl + G 를 눌러 그
룹으로 만듭니다.

● 그룹 안의 오브젝트 선택하기

그룹 선택 툴(▷)은 여러 단계의 그룹으로 만든 오브젝트를 클릭할 때마다 순차적으로 선택됩니다.

◎ **준비 파일**: chapter2/Circle.ai

01 그룹 선택 툴()을 선택한 후 왼쪽의 흰 원을 클릭합니다.

02 다시 한 번 클릭합니다.

03 다시 한 번 클릭합니다.

04 다시 한 번 클릭합니다.

05 다시 한 번 클릭합니다.

● 격리 모드에서 수정하기

일러스트레이터에서 작업하다 보면 많은 패스와 오브젝트들이 생깁니다. 패스가 여러 개 겹쳐 있거나 하나의 오브젝트를 수정할 때 격리 모드에서 하면 주위 요소들에 영향을 주지 않으면서 좀 더 쉽게 수정할 수 있습니다.

선택 툴(▶)로 그룹으로 된 오브젝트를 더블 클릭하면 그 그룹만 작업 창에서 격리된 격리 모드가 됩니다. 격리 모드로 들어가면 왼쪽 상단에 앞으로 갈 수 있는 화살표, 레이어 이름이 나타납니다.
여러 단계로 그룹화되어 있을 경우 더블 클릭할 때마다 그룹 단계가 상단에 표시되고 더블 클릭한 부분 외에는 흐리게 나타납니다.

격리 모드에서는 주위에 영향을 받지 않고 해당 오브젝트만 수정할 수 있습니다.
격리 모드를 해제하려면 해당 오브젝트 외의 영역을 더블 클릭하거나 왼쪽 상단의 화살표(⇦)를 클릭하면 됩니다.

아트보드의 빈 곳을 더블 클릭하면 원래 화면으로 돌아옵니다.

기타 선택 툴과 선택 메뉴

마술봉 툴과 올가미 툴에 대해 알아보고 선택 메뉴를 살펴봅니다. 마술봉 툴로 같은 색을 선택하고 이동하기, 선택하여 고정하고 숨기기에 대해 배웁니다.

LESSON

같은 속성을 선택하는 마술봉 툴, 드래그한 영역을 선택하는 올가미 툴에 대해 살펴보겠습니다.

● 마술봉 툴 (🪄)

클릭 한 번으로 아트보드에 있는 같은 속성의 패스들이 같이 선택됩니다.

툴 패널의 마술봉 툴을 더블 클릭하면 [Magic Wand] 패널이 나타납니다. 면 색, 선 색, 선 굵기 등 각 항목에 대해 Tolerance를 조절하여 선택 범위를 정할 수 있습니다.

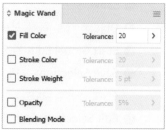

● 올가미 툴 (🔲)

선택하고 싶은 부분을 드래그하면 드래그한 영역의 패스들이 모두 선택됩니다.

● 선택 메뉴

① **All**: 아트보드의 모든 오브젝트를 선택합니다.

② **All on Active Artboard**: 활성화된 오브젝트만 선택합니다.

③ **Deselect**: 선택을 해제합니다.

④ **Reselect**: 마지막으로 선택한 오브젝트를 다시 선택합니다.

⑤ **Inverse**: 선택한 오브젝트를 제외한 나머지를 모두 선택합니다.

⑥ **Next Object Above**: 한 단계 위의 오브젝트를 선택합니다.

⑦ **Next Object Below**: 한 단계 아래의 오브젝트를 선택합니다.

⑧ **Same**: 오브젝트와 폰트의 세부 목록 선택에 따라 같은 속성들을 선택합니다.

⑨ **Object**: 세부 목록 선택에 따라 같은 속성의 오브젝트들을 선택합니다.

⑩ **Start Global Edit**: 같은 속성의 오브젝트를 하나만 수정해도 다 같이 수정됩니다.

⑪ **Save Selection**: 선택 영역을 저장하면 선택 메뉴 하단의 목록에 추가되는데 같은 작업을 반복할 때 유용합니다.

⑫ **Edit Selection**: Save Selection으로 저장한 메뉴의 이름을 변경하거나 삭제합니다.

◎ **준비 파일**: chapter2/Select4.ai

01 Select4.ai 파일을 불러 옵니다. 툴 패널에서 마술봉 툴 (🪄)을 더블 클릭하여 [Magic Wand] 대화상자에서 Fill Color의 Tolerance를 20으로 한 후 캐릭터의 연두색 눈 부분

❶ 마술봉 툴 더블 클릭

을 클릭합니다. 치아까지 선택해야 하는데 입안의 혀 부분까 지 비슷한 색이라 같이 선택됩니다.

02 툴 패널에서 마술봉 툴 (🪄)을 더블 클릭하여 Fill Color의 Tolerance를 0으로 변 경합니다. 다시 연두색 눈 부분 을 클릭하면 눈과 치아만 선택 됩니다.

❶ 마술봉 툴 더블 클릭

03 면 색을 더블 클릭하여 [Color Picker] 대화상자에서 흰색을 선택하고 [OK]를 클릭합니다.

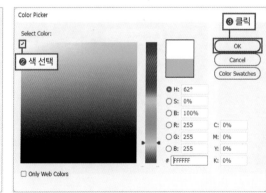

◎ **준비 파일**: chapter2/London.ai

01 　선택 툴(▶)로 구름과 기구 두 개를 Shift 를 누른 채 클릭하여 선택한 후 Ctrl + 2 를 눌러 고정합니다. 다시 선택 툴(▶)로 전체를 드래그해도 고정된 오브젝트는 선택되지 않습니다. 고정된 오브젝트를 해제하려면 Ctrl + Alt + 2 를 누르면 됩니다.

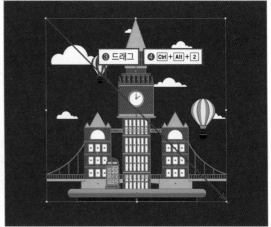

02 　이번에는 오브젝트를 화면에서 안보이게 해보겠습니다. 오브젝트를 선택한 후 Ctrl + 3 을 누르면 오브젝트가 화면에서 사라집니다. 일시적으로 안보이는 것이지 없어진 것은 아닙니다. Ctrl + Alt + 3 을 누르면 오브젝트가 다시 화면에 나타납니다.

선 색, 면 색 설정하기

LESSON

선 색과 면 색에 대해 알아보고 선 색과 면 색을 기본색인 초기색으로 세팅하는 방법과 색상을 변경하는 방법에 대해 배웁니다. 선 두께를 변경하고 투명 처리하는 방법에 대해서도 알아봅니다.

◎ **준비 파일**: chapter2/Color.ai

색에 대한 상세한 설명은 Chapter 6, 선에 대한 상세한 설명은 Chapter 5에서 다룹니다. 여기서는 간략하게 기본적인 사용 방법에 대해서만 학습하도록 하겠습니다.

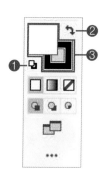 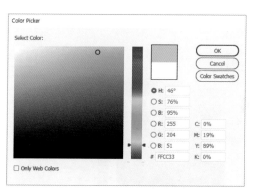

❶ **면 색, 선 색 초기화**: 면 색은 흰색, 선 색은 검은색, 선의 굵기는 1px로 초기화됩니다.

❷ **면 색과 선 색 바꾸기(** Shift **+** X **)**: 면 색과 선 색을 서로 바꿉니다.

❸ **면 색과 선 색**: 클릭하면 [Color Picker] 대화상자가 뜨고 색을 선택할 수 있습니다.

● 선 색, 면 색

1. Ctrl + O 를 눌러 Color.ai 파일을 불러옵니다.

2. 선택 툴(▶)을 선택하고 파란 원을 클릭합니다. 면 색과 선 색을 확인할 수 있습니다.

3. 면 색과 선 색을 서로 바꿀 수 있습니다.

● 선 색과 면 색을 기본색인 초기색으로 세팅하기

아이콘을 클릭하면 흰색 면과 검은색 선의 초기색
으로 세팅됩니다.

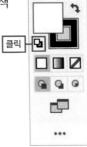

● 색상 변경하기

색상을 변경하고 싶으면 컬러를 클릭하여 [Color Picker] 대화상자에서 색을 선택하고 [OK]를 클
릭합니다.

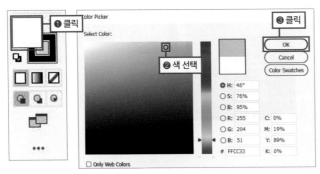

● 선 두께 변경, 투명 처리하기

선 두께를 변경하고 싶으면
[Stroke] 패널에서 Weight의 수
치를 조절합니다.

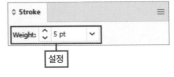

선 색을 선택한 후 밑의 아이콘을 클릭하면 없음으
로(투명으로) 됩니다. 마찬가지로 면 색도 투명하
게 처리하고 싶으면 면 색을 선택한 후 투명 아이
콘을 클릭합니다.

패스 자유자재로
다루기

일러스트레이터의 근간이라 할 수 있는 패스를 자유롭게 다루는 방법을 자세히 알아

봅니다.

패스 이해하기

패스의 의미와 패스 구조 및 패스 제작 툴에 대해 알아봅니다. 직선 그리기와 면 그리기, 곡선 그리기를 알아보고 실습을 통해 자세히 배웁니다.

● 패스란?

패스의 사전적 의미는 '길', '경로'라는 뜻입니다. 일러스트레이터에서 작업한 오브젝트들은 이 패스들로 이뤄져 있습니다. 점을 찍고 그 다음 점을 찍어 패스를 만들며 이 패스들을 따라 선과 면이 만들어집니다.

패스만 있는 상태

패스에 선이 적용된 상태

패스에 면이 채워진 상태

패스에 선과 면이 적용된 상태

● 패스 구조

앞의 '기본기 다루기'에서 잠깐 살펴보았던 패스에 대해 좀 더 살펴보겠습니다.

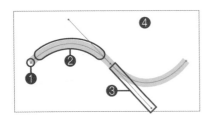

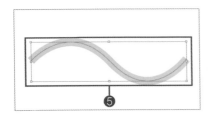

❶ **기준점(Anchor Point)**: 패스를 그릴 때 기준이 되는 점으로 선택된 기준점은 네모에 색이 채워지고, 선택되지 않은 기준점은 테두리만 있는 네모입니다.

❷ **세그먼트(Segment)**: 기준점과 기준점을 잇는 선입니다.

❸ **방향 선(Direction Line)**: 곡선의 형태를 조절합니다.

❹ **패스(Path)**: 선분 전체를 말합니다.

❺ **바운딩 박스**: 선택된 오브젝트의 외곽에 생기는 박스로 8개의 조절점을 가지며 오브젝트의 크기를 조절하거나 회전할 수 있습니다.

● 닫힌 패스와 열린 패스

패스는 기준점의 시작과 끝이 연결된 닫힌 패스와 연결되지 않은 패스가 있습니다.

닫힌 패스: 시작점과 끝점이 만난 패스입니다.　　**열린 패스**: 시작점과 끝점이 떨어진 패스입니다.

　　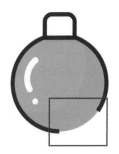

● 패스 제작 툴

❶ 펜 툴(P): 패스로 다양한 오브젝트를 만듭니다.
❷ 기준점 추가 툴(+): 패스를 클릭하여 기준점을 추가합니다.

❸ 기준점 삭제 툴(-): 기준점을 클릭하여 삭제합니다.
❹ 기준점 변환 툴(Shift+C): 직선 패스를 곡선 패스로, 곡선 패스를 직선 패스로 만듭니다.
❺ 곡률 툴(Shift+~): 추가한 기준점을 이전 기준점과 연결하여 쉽게 곡선을 그릴 수 있습니다.

NOTE　　　　　　　　　　　　　　　　　　　　　　　　**직접 선택 툴로 바꾸기**

펜 툴을 선택한 상태에서 Alt를 누르면 누르는 동안 기준점 변환 툴로 바뀝니다.
펜 툴을 선택한 상태에서 Ctrl을 누르면 누르는 동안 직접 선택 툴로 바뀝니다.

● 직선 그리기, 면 그리기, 곡선 그리기, 선 두께 조절하기

1) 직선 그리기

가장 기본적인 직선을 그려보겠습니다. [File]-[New] 메뉴를 선택하여 새 아트보드를 만듭니다.

　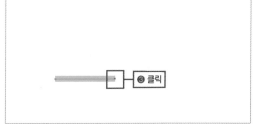

펜 툴을 선택하고 한 점을 클릭합니다.　　다음 지점을 클릭합니다.

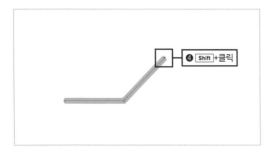

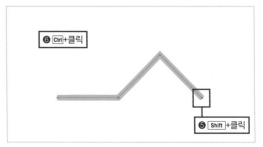

Shift 를 누른 채 클릭하면 수직, 수평, 45도 선을 그릴 수 있습니다.

Ctrl을 누른 채 아트보드의 빈 곳을 클릭하여 끝냅니다. 선택 해제되어 패스 선은 보이지 않게 됩니다.

> **NOTE** 　　　　　　　　　　　　　　　　　　　　 **그리기를 끝내는 방법들**
>
> ❶ Enter 를 누릅니다.
> ❷ Ctrl을 누른 채 아트보드 빈 곳을 클릭합니다.
> ❸ 툴 패널에서 다른 툴을 선택합니다.

2) 면 그리기

면을 만들려면 닫힌 패스로 작업되어야 합니다.

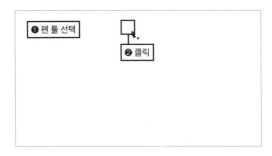

펜 툴로 시작점을 클릭합니다.

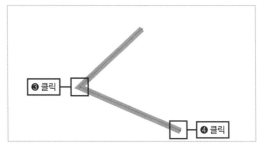

다음 점을 순차적으로 클릭합니다.

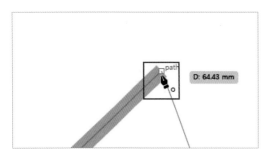

처음 클릭했던 지점에 마우스를 가져가면 포인터의 모양이 'ㅇ(동그란 모양)'으로 바뀝니다.

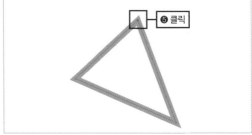

처음 시작점을 다시 클릭하면 닫힌 패스가 되면서 면이 됩니다.

◎ **준비 파일**: chapter3/Rabbit1.png

01 Ctrl + N 을 눌러 가로, 세로 20cm의 새 창을 만듭니다.

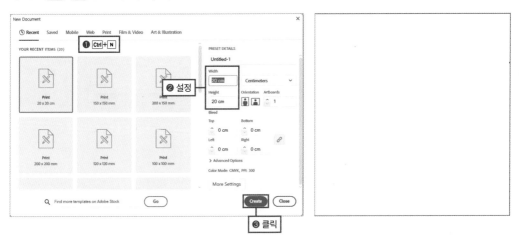

02 [File]-[Place] 메뉴를 선택합니다. Rabbit1을 선택하고 옵션에서 Template을 체크한 후 [Place]를 클릭합니다. [Layers] 패널을 보면 레이어가 잠겨 있고 이미지의 불투명도가 줄어 희미하게 깔립니다.

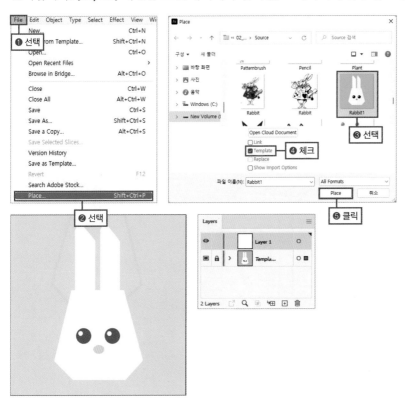

03 툴 패널에서 면 색은 투명, 선 색은 검은색으로 설정하고 펜 툴(✒)을 선택합니다. 귀의 윗부분을
클릭한 후 외곽선을 따라 순차적으로 클릭하면서 그려갑니다.

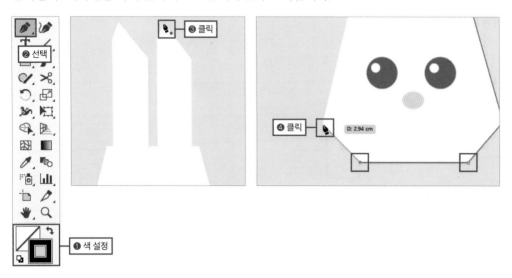

04 윤곽선을 따라 그린 후 맨 처음 시작점에 마우스를 가져가
면 펜 툴(✒)에 동그란 모양이 나타나는데 이때 클릭하여 패스를
닫습니다. [Stroke] 패널에서 Weight를 7pt로 조절합니다. Ctrl 을 누
른 채 아트보드의 빈 곳을 클릭하여 패스를 해제합니다.

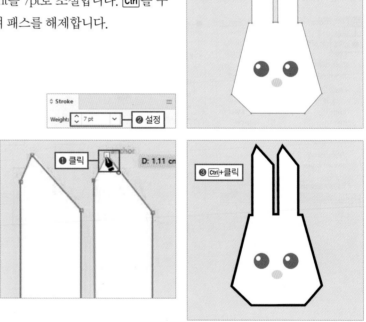

3) 곡선 그리기 1

펜 툴(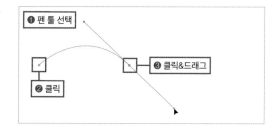)을 선택하고 시작점을 클릭합니다. 다음 점을
클릭한 채 드래그하면 양쪽에 조절선이 나타나며 곡선이
만들어집니다.

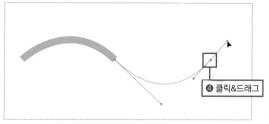

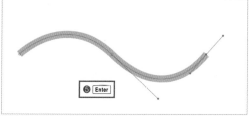

다음 지점을 클릭한 채 드래그하여 곡선을 만듭니다.

Ctrl을 누른 채 아트보드의 빈 곳을 클릭하거나 Enter를
눌러 그리기를 끝냅니다.

4) 곡선 그리기 2-한쪽 방향 선 없애기

기준점에는 양쪽으로 조절선이 나오는데 양쪽 선이 있는 것은 컨트롤하기가 쉽지 않습니다. 한쪽
방향 선을 없애면 좀 더 컨트롤하기가 수월합니다.

펜 툴(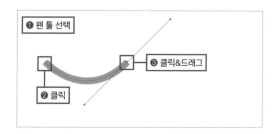)을 선택하고 한 점을 클릭합니다. 다음 점을 클
릭한 채 드래그하면 양쪽에 조절선이 나타나며 곡선이 만
들어집니다.

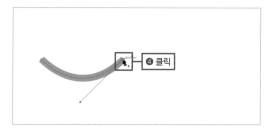

두 번째 기준점을 다시 클릭하면 한쪽 방향 선이 없어집
니다.

다음 기준점을 찍어서 드래그하면 곡선을 컨트롤하기가
훨씬 수월합니다.

5) 곡선 그리기 3 - 한쪽 방향 선 방향 바꾸기

펜 툴(✐)을 선택하고 한 점을 클릭합니다. 다음 점을 클릭한 채 드래그하면 양쪽에 조절선이 나타나며 곡선이 만들어집니다.

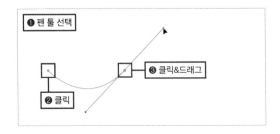

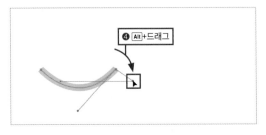

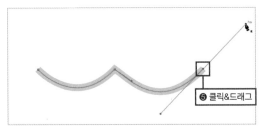

Alt를 누른 채 방향 선을 드래그하여 원하는 방향으로 바꿀 수 있습니다.

다음 기준점을 찍어서 드래그하면 곡선을 컨트롤하기가 훨씬 수월합니다.

6) 곡선 그리기 4 - 곡률 툴로 그리기

곡률 툴(✐)을 선택하고 한 점을 클릭합니다. 다음 점을 클릭하고 드래그하면 패스가 따라옵니다.

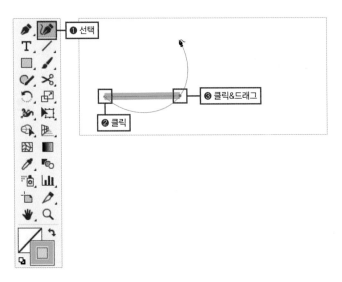

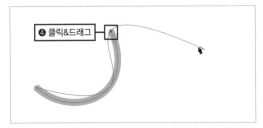

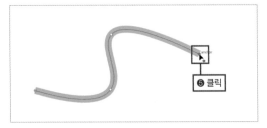

다음 지점을 클릭하면 곡선이 그려집니다.

다시 오른쪽으로 마우스를 가져가서 클릭하여 곡선을 만듭니다.

◎ **준비 파일**: chapter3/People.ai

01 Ctrl + N 을 눌러 가로, 세로 20cm의 새 창을 만듭니다.
[File]-[Place] 메뉴를 선택합니다. People을 선택하고 옵션에
서 Template을 체크한 후 [Place]를 클릭합니다. [Layers] 패널
을 보면 레이어가 잠겨 있고 이미지의 불투명도가 줄어 희미
하게 깔립니다.

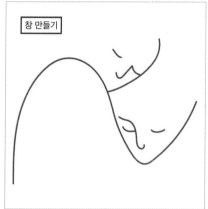

창 만들기

02 먼저 큰 외곽선을 그립니다. 선 색을 원하는 색으로 선택하고 [Stroke] 패널에서
Weight를 7pt로 설정합니다. 펜 툴(✒)로 왼쪽 아래를 클릭하여 시작합니다.

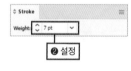

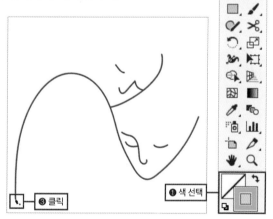

03 두 번째 지점을 클릭&드래그하여 외곽선에 맞춥니다.

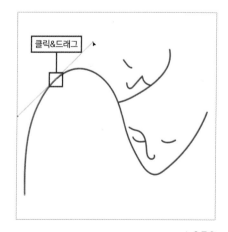

04 다음 지점을 클릭하기 위해 두 번째 지점을 다시 클릭하여 오른쪽 방향 선을 없애거나 Alt 를 누른 채 방향 선을 진행 방향으로 드래그하여 다음 점을 쉽게 그릴 수 있도록 합니다.

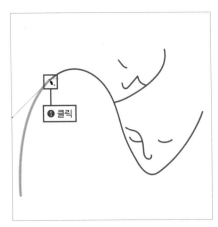

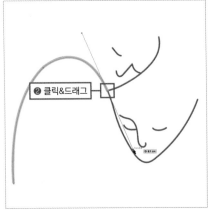

05 Ctrl 을 누른 채 아트보드의 빈 곳을 클릭하여 패스를 해제한 후 외곽선을 마저 다 그립니다.

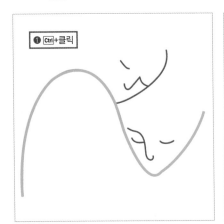

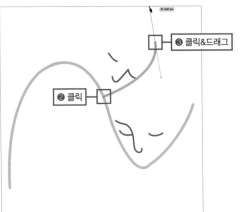

06 안쪽의 눈, 코를 그리기 위해 [Stroke] 패널에서 Weight를 5pt로 줄인 후 같은 방법으로 그리고 마무리합니다.

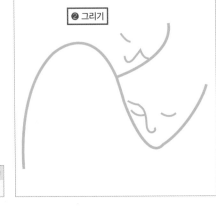

기준점 추가, 삭제하기

펜 툴로 기준점을 추가하는 방법과 기준점 개수를 2배로 늘리는 방법을 알아봅니다. 펜 툴과 Delete 를 이용하여 기준점을 삭제하는 방법을 알아보고 불필요한 기준점을 삭제하는 방법도 배웁니다.

LESSON

● 기준점 추가 1-펜 툴로 추가하기

패스로 그린 후 수정하고 싶을 때 사용합니다. 펜 툴(🖊)을 선택하고 패스 위에 마우스를 가져가면 마우스 포인터의 모양이 펜+로 바뀌는데 클릭하여 기준점을 추가합니다.

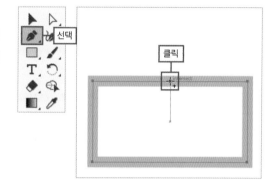

직접 선택 툴(▷)을 선택하거나 펜 툴이 선택된 상태에서 Alt 를 누르면 누르는 동안 직접 선택 툴로 바뀝니다.

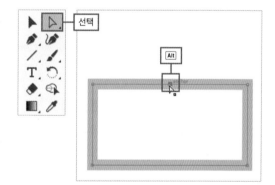

추가한 기준점을 드래그하여 형태를 수정합니다.

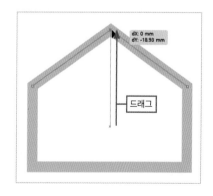

● 기준점 추가 2 - 기준점 개수 2배로 늘리기

[Object]-[Path]-[Add Anchor Point] 메뉴를 선택하면 원래
있던 기준점 사이에 기준점이 하나씩 추가됩니다.

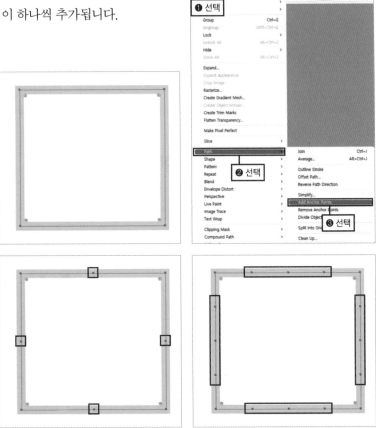

● 기준점 삭제 1 - 펜 툴로 삭제하기

선택 툴(▶)로 패스 선을 클릭합니다. 펜 툴을 선택하고 기준점 위에 마우스를 가져가면 마우스 포
인터의 모양이 펜-로 바뀌는데 이때 클릭하면 기준점이 삭제됩니다.

● 기준점 삭제 2 - Delete로 삭제하기

직접 선택 툴(▷)로 기준점을 하나 클릭하고 Delete를 눌러 삭제합니다.

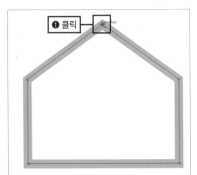

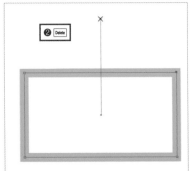

● 불필요한 기준점 삭제하기

Ctrl+Y를 누르면 기준점만 찍혀 있거나 글자가 없는 텍스트 박스 등 작업한 이미지 외에 불필요한 오브젝트 등을 볼 수 있습니다. 불필요한 요소들을 정리해 보겠습니다.

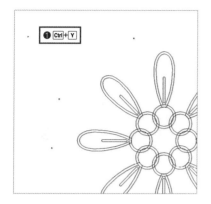

Ctrl+Y를 누릅니다.

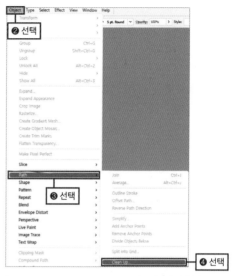

[Object]-[Path]-[Clean Up] 메뉴를 선택합니다.

[Clean Up] 대화상자가 나타나면 원하는 항목들에 체크하고 [OK]를 클릭합니다.

불필요한 요소들이 삭제됩니다.

◎ **준비 파일**: chapter3/Bear.ai

01 Bear.ai 파일을 불러옵니다.

02 툴 패널에서 직접 선택 툴(▷)을 선택하고 윗부분을 클릭하면 기존 패스가 나타납니다.

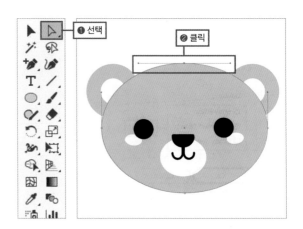

03 기준점 추가 툴(✎)로 기준점을 추가해도 되지만 펜 툴(✎)을 기존 패스 위에 가져가면 ⊞ 아이콘으로 바뀝니다. 가운데 기준점을 중심으로 양쪽에 두 개씩 기준점을 추가합니다.

04 Alt를 누르면 누르는 동안 직접 선택 툴(▷)로 바뀝니다. 추가한 두 번째 점을 대각선 방향으로 드래그합니다.

05 Alt를 누른 채 추가한 세 번째 점을 드래그합니다.

06 수정이 필요할 경우 직접 선택 툴(▷)을 선택하고 방향 선을 조절하여 형태를 조절합니다.

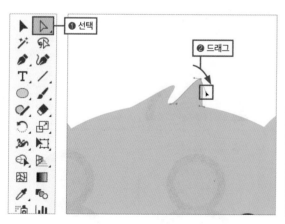

패스 편집 - 패스 연결하기, 자르기

패스를 연결하는 방법과 패스를 자르는 패널에 대해 알아보고 지우개 툴, 가위 툴, 나이프 툴
과 같이 패스를 지우는 툴에 대해 배웁니다.

● 패스 연결하기

펜 툴(　)을 선택하고 연결하고자 하는 패스의 끝에 마우스를 가져가면 - 모양으로 바뀝니다. 이
때 클릭하고 연결할 다른 지점에 마우스를 가져가면 마우스 포인터가 바뀌는데 클릭하면 직선으
로 연결됩니다.

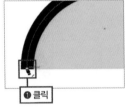

❶ 클릭 　　 ❷ 클릭

연결 시 연결할 두 기준점을 선택하고 [Object]-[Path]-[Join] 메뉴를 선택
하거나 Ctrl+J 를 눌러도 되고, 연결할 두 기준점을 선택한 후
[Properties] 패널의 'Anchors'에서 연결 아이콘을 클릭해도 됩니다.

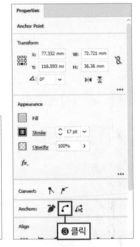

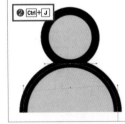

❶ 드래그하여 선택　　❷ Ctrl+J　　❸ 클릭

곡선으로 연결하고 싶을 때는 두 번째 지점을
클릭하여 드래그하면 곡선으로 연결할 수 있습
니다. Alt 를 누른 채 드래그하면 기존 곡선과
핸들을 고정시킨 채 연결할 수 있습니다.

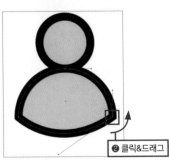

❶ 클릭　　❷ 클릭&드래그

● 패스를 자르는 패널

직접 선택 툴(⬚)로 기준점을 선택하고 [Properties] 패널의 'Anchors'에서 자르기 아이콘을 클릭하면 패스가 잘립니다.

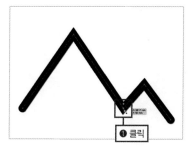

직접 선택 툴로 기준점을 선택합니다.

[Properties] 패널의 'Anchors'에서 자르기 아이콘을 클릭합니다.

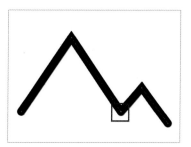

패스가 잘립니다. 끝선이 둥근 라인이었기 때문에 패스가 잘리면서 끝선이 둥근 라인이 되었습니다.

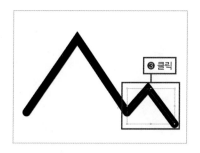

선택 툴(▶)로 선택하면 분리된 것을 알 수 있습니다.

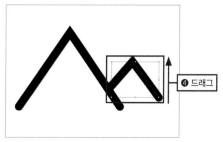

패스를 드래그하여 위로 올렸습니다.

● 패스를 지우는 툴

각 툴을 실행한 후 잘린 부분을 이동시키면 다음과 같습니다.

❶ 지우개 툴: 오브젝트를 지워 닫힌 패스로
만듭니다.

❷ 가위 툴: 패스 선을 분리하여 열린 패스로
만듭니다.

❸ 나이프 툴: 면을 나눠 각각의 오브젝트로
만듭니다.

지우개 툴을 더블 클릭하면 옵션 창이 뜨고 세부 설정을 변경할 수 있습니다.

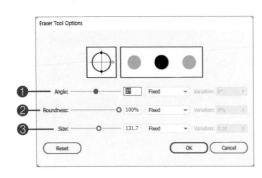

❶ Angle: 지우개의 각도를 설정합니다.
❷ Roundness: 지우개의 원형의 둥근 정도를 설
정합니다. 수치가 낮을수록 타원, 높을수록 정
원의 형태입니다.
❸ Size: 지우개의 크기를 설정합니다.

브러시 각도, 원형의 둥근 정도, 크기를 고정하거나 입력 장치에 따라 설정합니다.

◎ **준비 파일**: chapter3/Ball.ai

01 Ball.ai 파일을 불러옵니다. 나이프 툴(🔪)을 선택한 후 가운데를 수직으로 드래그합니다.

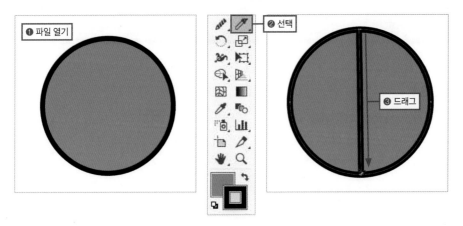

02 1시 방향을 클릭하고 5시 방향으로 이미지처럼 곡선으로 드래그합니다. 다음 왼쪽도 드래그합니다.

 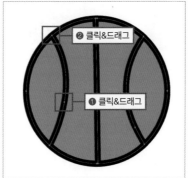

03 직접 선택 툴(▷)로 자른 두 번째와 네 번째 면을 선택한 후 면 색을 바꿉니다.

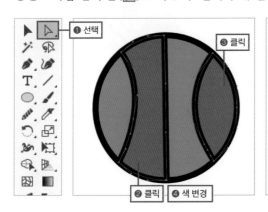 

직선을 곡선으로, 곡선을 직선으로

직접 선택 툴과 패널 및 기준점 변환 툴을 사용하여 직선을 곡선으로 만드는 방법에 대해 알아보고 펜 툴을 이용하여 곡선이 많은 그림을 그리는 방법에 대해서도 배웁니다.

LESSON

● 직선을 곡선으로 1

직접 선택 툴을 선택하고 가운데 기준점을 클릭한 후 모서리를 드래그하면 라이브 코너 위젯이 나타납니다. 라이브 코너 위젯 위로 마우스를 가져가면 마우스 포인터 모양이 바뀌는데 이때 드래그하면 곡선으로 만들 수 있습니다.

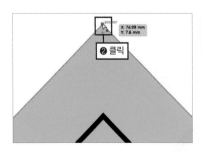
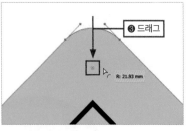

● 직선을 곡선으로 2

[Properties] 패널의 Convert에서 '모서리 부드럽게 만들기'를 클릭하면 모서리가 곡선으로 바뀝니다. 방향 선을 드래그하면서 곡선을 조절합니다.

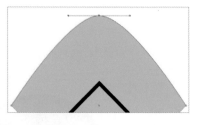

● 직선을 곡선으로 3

패스를 클릭하고 기준점 변환 툴()을 선택한 후 꼭짓점을 드래그하여 직선을 부드러운 곡선으로 만듭니다.

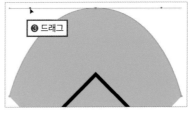

1 • 기능 예제 • **펜 툴로 그리기**

◎ **준비 파일**: chapter3/Tiger.ai

01 Tiger.ai 파일을 불러와서 펜 툴로 그려봅니다. 펜 툴(✎)을 선택하고 면 색은 없음, 선 색은 원하는 색으로 설정합니다. 시작점을 클릭합니다.

02 다음 지점을 클릭&드래그하여 외곽선을 따라 그립니다.

03 방향 선의 조절이 필요하다면 Alt를 누른 채 방향 선을 드래그하여 원하는 방향으로 맞춥니다.

04 수정이 필요한 부분은 직접 선택 툴(▷)을 사용하여 수정합니다.

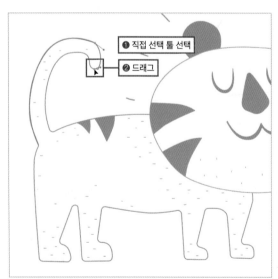 

05 선 색을 변경하여 무늬도 형태를 따라 그립니다.

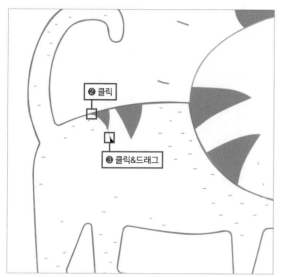

06 형태를 따라 그렸으면 선택 툴(▶)을 선택한 후 강아지 몸통을 클릭합니다.

07 툴 패널에서 선 색과 면 색을
바꾸면 몸통에 색깔이 적용됩니다.

색 변경

08 마찬가지로 무늬도 선 색과 면
색을 바꿔 적용합니다.

❷ 색 변경

❶ 선택

09 얼굴 부분도 먼저 선으로 그린 후 면으로
바꿔 그려가면서 완성합니다.

4

도형 및
오브젝트 다루기

도형과 오브젝트를 변형 및 복사하는 등의 기능들로 복잡한 형태들도 쉽고 빠르게 그릴 수 있습니다.

사각형, 둥근 사각형, 원형, 다각형, 별, 플레어

사각형 툴, 둥근 사각형 툴, 원형 툴, 다각형 툴, 별 툴, 플레어 툴에 대해 알아보고 도형으로 표지 만드는 방법, 도형으로 건물 그리는 방법을 실전을 통해 배웁니다.

● 사각형 툴, 둥근 사각형 툴, 원형 툴

일러스트레이터에 있는 도형 툴들을 활용하면 작업을 좀 더 쉽게 할 수 있습니다.

사각형 툴: 드래그하여 사각형을 그릴 수 있습니다. 사각형 툴로 사각형을 그린 후 각 모서리 안쪽에 있는 라이브 코너 위젯을 드래그하면 쉽게 둥근 사각형을 만들 수 있습니다.

둥근 사각형 툴: 클릭&드래그하여 둥근 사각형을 그릴 수 있습니다. 모서리의 둥근 정도는 키보드의 방향키 위, 아래를 사용하여 조절할 수 있습니다.

원형 툴: 드래그하여 원을 그릴 수 있습니다. 사각형 툴과 마찬가지로 그린 원을 선택 툴로 선택하면 조절점이 나타나는데 드래그하면 부채꼴을 만들 수 있습니다.

Shift 를 누른 채 드래그하면 정사각형, 정원 등 가로, 세로 비율이 같은 도형을 그릴 수 있습니다.

1) 사각형 그리기

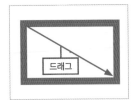 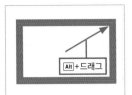 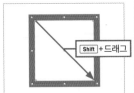 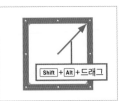

클릭&드래그(직사각형)   Alt+드래그(중심에서부터 그리는 직사각형)   Shift+드래그(정사각형)   Shift+Alt+드래그(중심에서부터 그리는 정사각형)

같은 방법으로 다른 도형들도 그릴 수 있습니다.

2) 정확한 수치로 도형 그리기

툴 패널에서 사각형 툴, 원형 툴 등의 도형 툴을 선택하고 아트보드의 빈 곳을 클릭하면 대화상자가 뜨는데 옵션 창에 정확한 수치를 기입하여 도형들을 만들 수 있습니다.

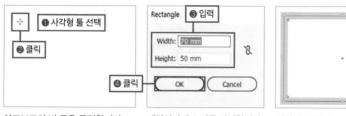

아트보드의 빈 곳을 클릭합니다.　　대화상자에 수치를 입력합니다.　　기입한 수치대로 도형이 만들어집니다.

3) 대화상자 알고 가기

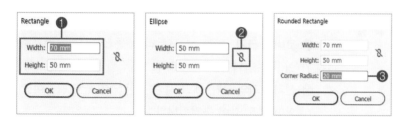

❶ **Width/Height**: 가로, 세로 수치를 설정합니다.

❷ **링크 아이콘**: 클릭하면 가로, 세로의 비율이 유지됩니다.

❸ **Corner Radius**: 둥근 사각형을 만들 때 모서리의 둥근 정도를 설정합니다.

4) 위젯으로 도형 그리기

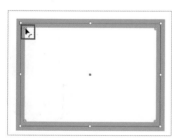
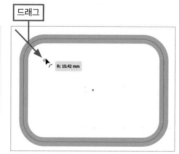
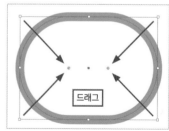

도형을 그리면 모서리에 위젯이 생깁니다.　　드래그하여 각을 조절합니다.　　더 많이 드래그하여 각을 조절합니다.

5) 그린 도형을 정확한 수치로 변형하기

[Properties] 패널의 'Transform'에서 그린 도형을 정확한 크기로 수정할 수 있습니다.

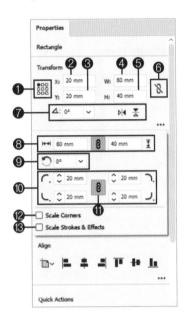

❶ 패스 중심점의 위치를 정합니다.

❷ 가로 위치를 지정합니다.

❸ 세로 위치를 지정합니다.

❹ 가로폭을 지정합니다.

❺ 높이를 지정합니다.

❻ **링크**: 폭과 높이의 비율을 유지하면서 수정됩니다.

❼ 각도 조절, 좌우 뒤집기, 위아래 뒤집기를 할 수 있습니다.

❽ 폭, 높이를 지정합니다.

❾ 회전합니다.

❿ 모서리의 둥근 정도를 지정합니다.

⓫ **링크**: 모든 모서리의 비율을 유지하면서 수정됩니다.

⓬ **코너의 크기**: 체크 시 모서리의 둥근 정도도 비례하여 같이 수정됩니다.

⓭ **선과 효과의 크기**: 체크 시 수정한 크기에 비례하여 선 두께와 효과도 같이 수정됩니다.

6) 도형을 그리는 모양 툴

모양 툴로 아트보드에 사각형, 원 등의 도형을 대충 그려도 깔끔한 도형이 그려집니다. 펜 마우스를 쓰는 사용자에게 유용한 도구입니다.

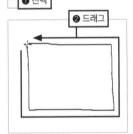

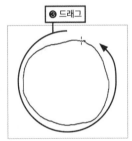
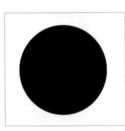

● 다각형 툴, 별 툴, 플레어 툴

다각형 툴: 드래그하여 다각형을 그릴
수 있습니다. 드래그할 때 키보드의
방향키를 위, 아래로 누르면 변의 개
수를 조절할 수 있습니다. 그린 다각
형을 선택하면 개수 조절점이 나타나

는데 위, 아래로 드래그하여 변의 개수를 조절할 수 있습니다.

별 툴: 별 모양을 그릴 수 있습니다. 드래그할 때 키보드의 방향키를 위, 아래로 누르면 꼭짓점의 개
수를 조절할 수 있습니다.

플레어 툴: 광선을 그립니다.

다각형과 별을 그릴 때 드래그하는 상태에서 위쪽 방향키를 누르면 각이 추가되고, 아래쪽 방향키
를 누르면 각이 줄어듭니다.

Shift +드래그하면 다각형이 똑바로 그려집니다.

 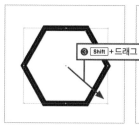 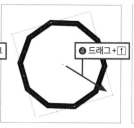 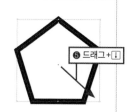

시작점으로 중심을 클릭합니다.   Shift +드래그합니다.   드래그+위 방향키를 4번 누릅   드래그+아래 방향키를 5번 누
니다.   릅니다.

1) 대화상자 알고 가기

 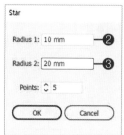

❶ **Sides**: 다각형의 변의 개수를 지정합니다.

❷ **Radius 1**: 중심에서 끝점까지의 거리입니다.

❸ **Radius 2**: 중심에서 안쪽 점까지의 거리입
니다.

01　앞에서 배운 도형들로 표지를 만들어 봅니다. 단순한 도형들을 구성하는 것만으로도 디자인을 할 수 있습니다.

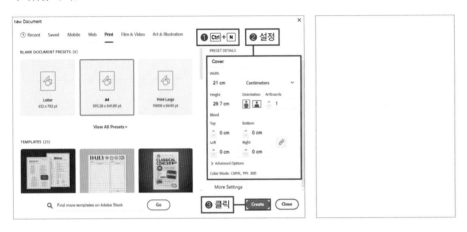

02　작업의 효율을 위해 그리드를 사용해 보겠습니다. Ctrl+'를 눌러 그리드가 나오게 하고 Ctrl+R 을 눌러 눈금자를 표시합니다. 그리드 간격을 변경해 보겠습니다. [Edit]-[Preferences]-[Guides & Grids] 메뉴를 선택합니다. Gridline every는 1cm, Subdivisions는 2로 변경하고 [OK]를 클릭하면 그리드 간격 이 변경됩니다. 눈금자의 단위가 센티미터가 아니라면 눈금 위에서 마우스 오른쪽 버튼을 클릭하면 나 오는 단위 중에서 'Centimeters'를 선택하여 변경합니다.

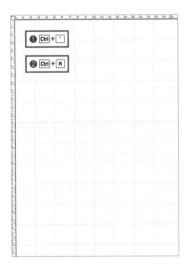

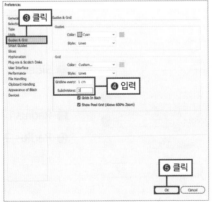

03 눈금자에서 클릭&드래그하여 가이드 선을 만들 수 있습니다. 자의 눈금에 마우스를 가져가서 클릭한 채 드래그하여 가이드 선을 만듭니다. 세로 가이드 선은 왼쪽 세로 눈금에서 드래그하여 만들면 됩니다. 가이드 선을 삭제하려면 선택 툴로 가이드 선을 클릭하고 Delete 를 누릅니다. 또는 [Layers] 패널에서 가이드 레이어를 선택하고 Delete 를 누릅니다.

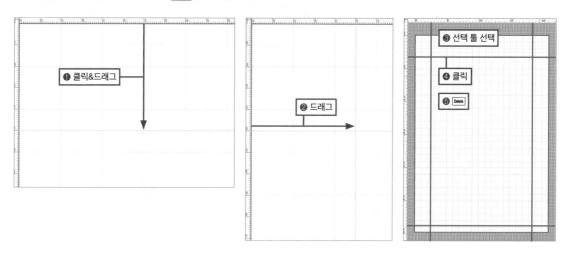

04 [View]-[Snap to Grid] 메뉴를 선택합니다. 오브젝트를 그릴 때 그리드에 맞춰 가며 작업할 수 있습니다. 면 색을 원하는 색으로 선택하고 원형 툴(◯)로 Shift 를 누른 채 드래그하여 정원을 그립니다. 선택 툴을 선택하여 Alt 를 누른 채 원을 복제하고 색을 변경합니다.

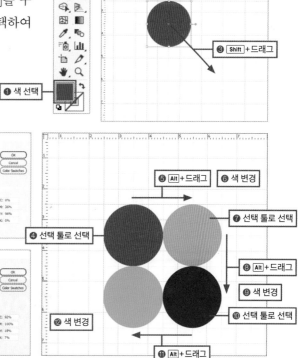

05 원을 그리고 직접 선
택 툴(▣)로 위쪽의 패스를
클릭한 후 Delete 를 눌러 지우
고 위로 옮깁니다.

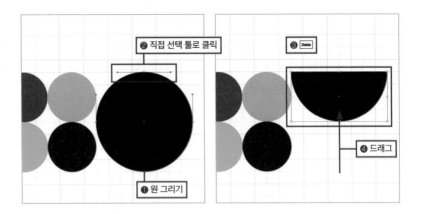

06 나머지 부분은 앞에서 배운 기본 도형 사용 방법을 활
용하여 자유롭게 그려 넣습니다. 똑같이 할 필요는 없습니다.
단순한 도형들의 사용이므로 크기, 위치, 방향 등을 자유롭게
구성해 봅니다.

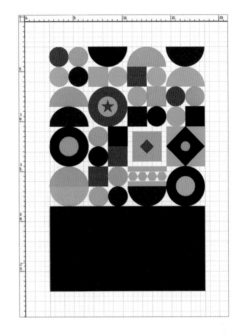

07 텍스트 툴(T)로 간단하게 내용을 입력하여 마무리합니다. 텍스트 툴(T)은 뒤에서 자세히 다룹
니다. 텍스트를 컨트롤하는 패널은 [Character] 패널로 [Window]-[Type]-[Character] 메뉴를 선택하면
됩니다.

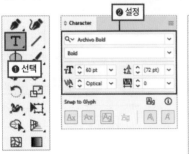

08 눈금자를 표시했던 단축키인 Ctrl+R, 그리드를 표시했던 Ctrl+', 가이드 선을 표시했던 Ctrl+;을 클릭하면 다시 화면에서 사라집니다.

더 알·아·보·기

눈금자, 가이드 선, 그리드

눈금자

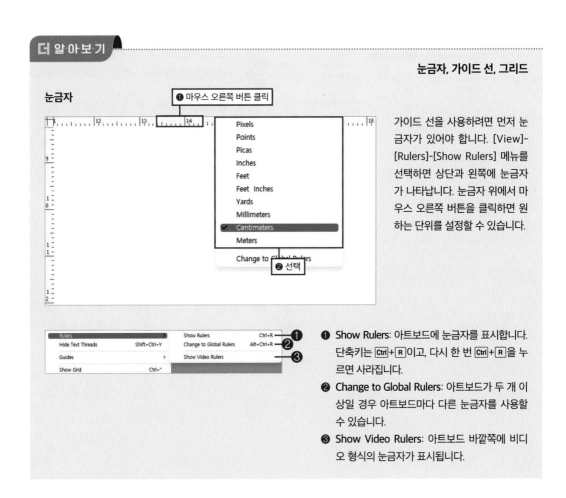

가이드 선을 사용하려면 먼저 눈금자가 있어야 합니다. [View]-[Rulers]-[Show Rulers] 메뉴를 선택하면 상단과 왼쪽에 눈금자가 나타납니다. 눈금자 위에서 마우스 오른쪽 버튼을 클릭하면 원하는 단위를 설정할 수 있습니다.

❶ **Show Rulers**: 아트보드에 눈금자를 표시합니다. 단축키는 Ctrl+R이고, 다시 한 번 Ctrl+R을 누르면 사라집니다.

❷ **Change to Global Rulers**: 아트보드가 두 개 이상일 경우 아트보드마다 다른 눈금자를 사용할 수 있습니다.

❸ **Show Video Rulers**: 아트보드 바깥쪽에 비디오 형식의 눈금자가 표시됩니다.

작업을 도와주는 가이드 선

작업을 하다 보면 크기나 위치를 맞춰야 하는 경우가 있는데 가이드 선이나 그리드 등이 있으면 훨씬 편리하게 작업할 수 있습니다. 일러스트레이터에서 제공하는 가이드 선과 그리드 사용 방법에 대해 살펴봅니다.

가이드 선은 작업 시 도움을 주는 임의의 안내선으로 일러스트레이터 작업 시에만 보이고, 다른 이미지 파일로 저장하거나 인쇄 시에는 나타나지 않습니다. 가이드 선은 눈금자가 있어야 만들 수 있습니다. Ctrl+R을 눌러 눈금자를 표시하고 눈금자 위에 마우스를 클릭한 후 아트보드로 드래그하면 가이드 선이 생깁니다. 수평선은 위쪽의 눈금에서, 수직선은 왼쪽 눈금에서 만들면 됩니다.

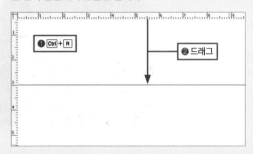 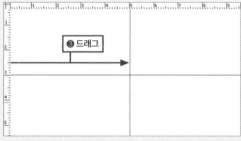

가이드 선을 삭제하려면 선택 툴(▶)로 가이드 선을 선택하고 Delete를 누릅니다. 또는 [Layers] 패널에서 가이드 레이어를 선택하고 Delete를 누릅니다. 만들어 놓은 전체 가이드 선을 삭제하려면 [View]-[Guide]-[Clear Guide] 메뉴를 선택합니다.

❶ **Hide Guides**: 가이드 선을 안보이게 합니다.
❷ **Unlock Guides**: 가이드 선을 움직이지 않게 합니다.
❸ **Make Guides**: 선택한 오브젝트를 가이드 선으로 만듭니다.
❹ **Release Guides**: 가이드 선을 오브젝트로 되돌립니다.
❺ **Clear Guides**: 가이드 선을 전체 삭제합니다.

그리드

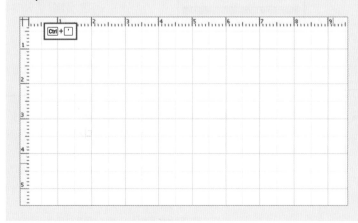

가로, 세로 격자무늬인 그리드는 필요에 따라 작업 시에 활용하면 좋습니다.
[View]-[Show Grid] 메뉴를 선택하면 나타납니다. 단축키는 Ctrl+'로 한 번 누르면 나타나고, 다시 누르면 사라집니다.
[View]-[Snap to Grid] 메뉴를 선택하여 체크하면 그리드에 맞게 패스를 만들 수 있습니다.

[Edit]-[Preferences]-[Guides & Grid] 메뉴에서 세부 옵션을 설정할 수 있습니다.

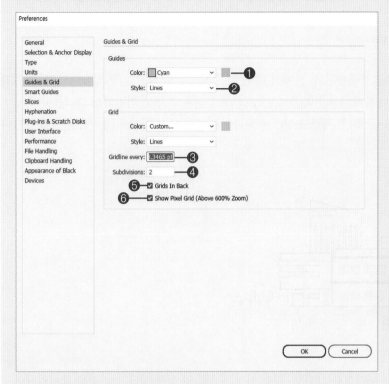

❶ Color: 색을 선택할 수 있습니다.
❷ Style: 선을 직선, 점선으로 선택할 수 있습니다.
❸ Gridline every: 그리드 한 칸의 가로폭입니다.
❹ Subdivisions: 그리드 한 칸을 나눈 개수입니다.
❺ Grids In Back: 그리드 위에 패스를 그립니다.
❻ Show Pixel Grid: [View]-[Pixel Preview] 메뉴를 선택하여 패스를 픽셀로 볼 때 'Show Pixel Grid'를 체크하면 픽셀 단위의 그리드가 표시됩니다.

도형으로 건물 그리기

◎ **준비 파일**: chapter4/Building.ai

01   Building.ai 파일을 불러옵니다. 앞에서 배운 기본 도형들로 작업할 수 있습니다. 해당 형태에 맞는 도형 툴들을 사용하여 복제해서 반복하고, 직접 선택 툴(▷)로 부분 편집해서 그려봅니다. 선의 두께는 [Stroke] 패널에서 Weight의 두께를 조절하여 외곽선과 내부의 선 두께에 차이를 주면 좋습니다.

02   사각형 툴(□)로 사각형을 그린 후 직접 선택 툴(▷)로 왼쪽 상단 기준점을 클릭합니다. 오른쪽으로 드래그하여 형태를 조절합니다.

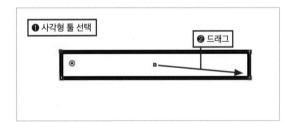

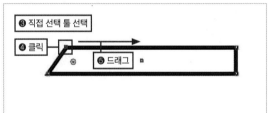

03   사각형 툴(□)로 Shift를 누른 채 정사각형을 그립니다. Shift+Alt를 누른 채 드래그하면 수평의 위치에 복사할 수 있습니다.

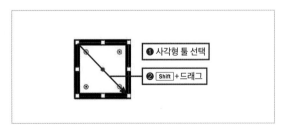

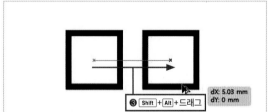

04 두 도형을 Shift + Alt 를 누른 채 드래그하면 수직의 위치에도 복사할 수 있습니다.

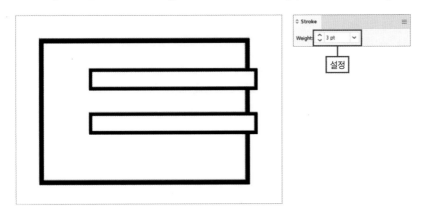

05 [Stroke] 패널에서 Weight를 밖의 사각형은 3pt, 안의 사각형은 2pt로 변경합니다.

모서리 위젯으로 수정하기

LESSON

직접 선택 툴을 이용하여 전체 모서리 수정하기, 바깥 모서리 수정하기, 한 개의 모서리만 수
정하기를 배우고 이 방법을 이용하여 스티커 만들기에 대해 알아봅니다.

● 전체 모서리 수정하기

직접 선택 툴(△)로 별을 선택하면
각 모서리 부분에 위젯이 나타납니
다. 마우스 포인터를 맨 위 위젯에
가져가 드래그하면 모든 모서리가
둥글게 바뀝니다.

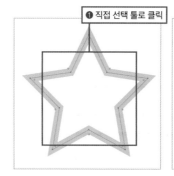

드래그하면서 키보드의 방향키 위나 아래를 1번, 2번, 3번 누르면 모양이 변합니다.

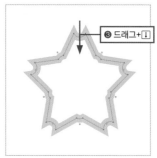

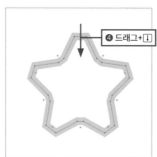

● 바깥 모서리 수정하기

Shift 를 누른 채 직접 선택 툴(△)
로 안쪽 모서리들만 선택하면 위젯
을 드래그하여 바깥 모서리들만 수
정할 수 있습니다.

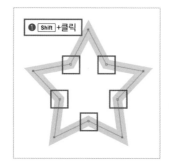

Ctrl+Z를 눌러 취소하고 직접 선택 툴로 바깥쪽 모서리들만 선택하면 안쪽 모서리들만 수정할 수 있습니다.

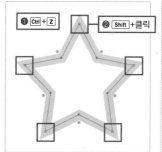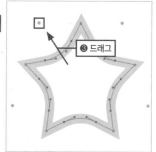

● 한 개의 모서리만 수정하기

한 개의 모서리만 클릭하여 선택하고 드래그하면 한 개의 모서리만 변형할 수 있습니다. 위젯을 더블 클릭하면 [Corners] 내화상자가 나타납니다. 코너 모양과 라운딩 정도를 설정할 수 있습니다.

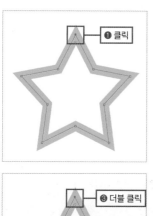

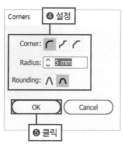

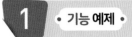

01 면 색을 검정으로 하고 사각형 툴(□)을 선택합니다. 아트보드의 빈 곳을 클릭하면 [Rectangle] 대화상자가 나타납니다. Width를 5cm, Height를 2cm로 하고 [OK]를 클릭합니다.

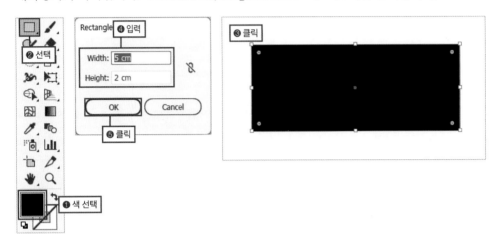

02 직접 선택 툴(▷)로 모서리의 위젯을 드래그하면서 키보드의 위쪽 방향키를 누릅니다.

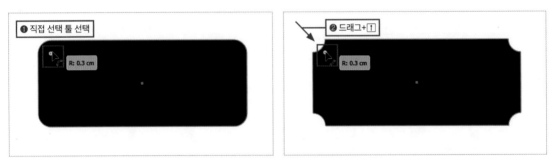

03 [Object]-[Path]-[Offset Path] 메뉴를 선택합니다. Offset을 -0.15cm, Joins를 Bevel, Miter limit을 1로 하고 [OK]를 클릭합니다.

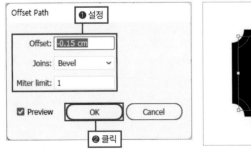

04 면 색을 '없음'으로 하고 선 색을 '흰색'으로 합니다. [Stroke] 패널에서 Weight를 2pt로 설정합니다.

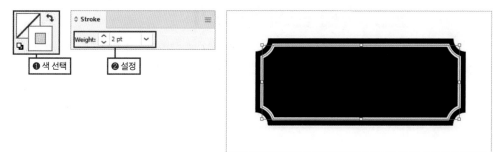

05 텍스트 툴(T)을 선택한 후 임의의 텍스트를 입력합니다.

오브젝트 순서 정하기

오브젝트를 선택하고 단축키를 이용하여 앞뒤 순서를 바꾸는 방법과 잘라낸 오브젝트를 원래 자리에 붙이는 방법을 배우고 나아가 도형으로 동물을 그려보겠습니다.

LESSON

● 앞뒤 순서 바꾸기

오브젝트를 선택합니다.

Ctrl+[를 눌러 한 단계 앞으로 보냅니다.

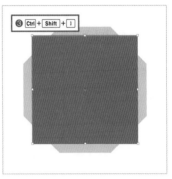

Ctrl+Shift+[를 눌러 맨 앞으로 보냅니다.

Ctrl+]를 눌러 한 단계 뒤로 보냅니다.

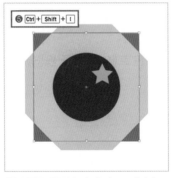

Ctrl+Shift+]를 눌러 맨 뒤로 보냅니다.

NOTE   단축키로 레이어 순서 바꾸기

[Object]-[Arrange] 메뉴에는 오브젝트 순서를 조절하는 메뉴가 있습니다.
❶ **Bring to Front**(Ctrl+Shift+[): 맨 위로 올리기
❷ **Bring Forward**(Ctrl+[): 한 층 위로 올리기
❸ **Send Backward**(Ctrl+]): 한 층 아래로 내리기
❹ **Send to Back**(Ctrl+Shift+]): 맨 아래로 내리기

● 잘라낸 것을 원래 자리에 붙이기

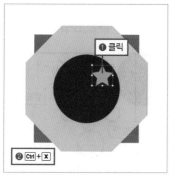

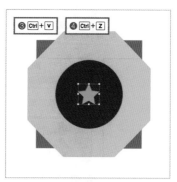

오브젝트를 선택하고 Ctrl+X를 눌러 잘라 내기 합니다.

Ctrl+V를 누르면 화면의 가운데에 붙습 니다.
Ctrl+Z를 눌러 취소할 수 있습니다.

Ctrl+F를 눌러 제자리 맨 앞에 붙입니 다.

---

1 · 기능 예제 ·   도형으로 동물 그리기

◎ **준비 파일**: chapter4/Animal.ai

01 Animal.ai 파일을 불러온 후 새 레이어를 추가합니다.

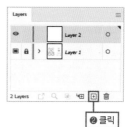

---

02 면 색(#301111)과 선 색(#673434)을
설정하고 원형 툴(◯)로 귀를 그립니다.
[Stroke] 패널에서 21pt로 설정합니다.

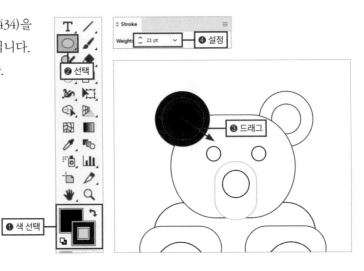

03 선택 툴(▶)로 Shift + Alt 를 누른 채 드래그하
여 복제하고 오른쪽에 놓습니다.

04 면 색을 검정으로 선택하고 원형 툴(◯)로 Shift 를 누른 채 드래그하여 정원을 그립니다. 선택
툴(▶)로 Shift + Alt 를 누른 채 드래그하여 복제한 후 오른쪽에 놓습니다.

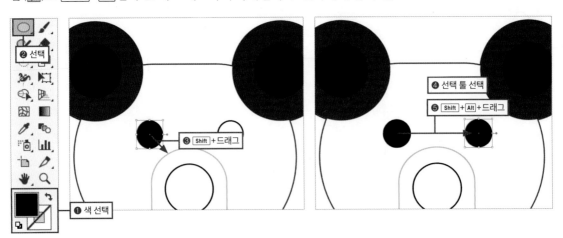

05 원형 툴(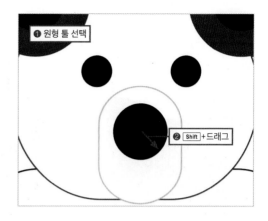)로 검정 원의 코를 마저 다 그립니다.

❶ 원형 툴 선택

❷ Shift + 드래그

06 면 색(#FFCC67)을 설정한 후 먼저 사각형 툴(▣)로 네모를 그립니다. 직접 선택 툴(▷)로 모서리의 위젯을 드래그하여 코의 형태에 맞춥니다.

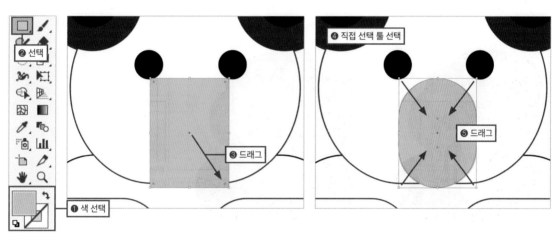

❷ 선택

❶ 색 선택

❸ 드래그

❹ 직접 선택 툴 선택

❺ 드래그

07 Ctrl + Shift + [를 눌러 뒤로 보냅니다.

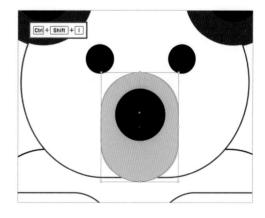

Ctrl + Shift + [

08   같은 방법으로 얼굴을 그리기 위해 면 색(#7C4333)을 설정한 후 먼저 사각형 툴(□)로 네모를 그립니다. 직접 선택 툴(▷)로 모서리의 위젯을 드래그하여 얼굴 형태에 맞춘 후 Ctrl + Shift + ｢ 를 눌러 뒤로 보냅니다.

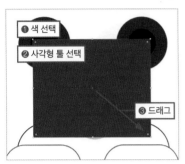  

09   같은 방법으로 곰의 몸통과 다리를 마저 다 그립니다. 발바닥은 자유 변형 툴(▦)을 선택한 후 조절점 밖에 마우스 커서를 놓고 회전 모양의 커서가 나오면 Shift 를 누른 채 45도 회전시킵니다.

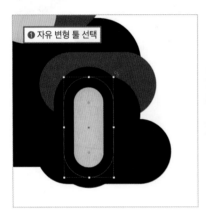 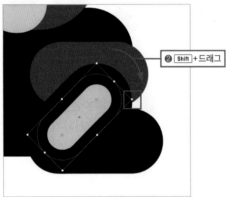

10   곰을 마무리하고 옆에 있는 토끼도 그려봅니다.

오브젝트 정렬하기 - Align 패널

오브젝트 정렬 패널의 아이콘들을 간단하게 알아보고 수직 및 수평 정렬, 간격 정렬, 아트보드 기준 정렬을 이용하여 건물 그림을 정렬해 봅니다.

LESSON

● Align 패널

작업한 오브젝트들의 간격을 맞추거나 위치를 맞추는 것은 자주 쓰는 기능입니다. [Align] 패널을 사용하면 쉽게 위치를 맞추고 정렬할 수 있습니다.

Align Objects: 오브젝트들을 정렬합니다.

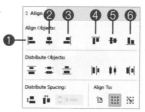

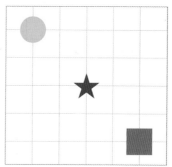

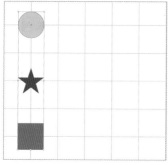

❶ 왼쪽 정렬

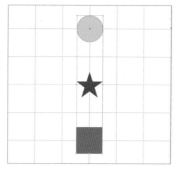

❷ 수직 중심 정렬

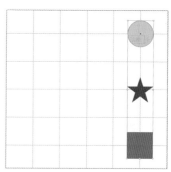

❸ 오른쪽 정렬

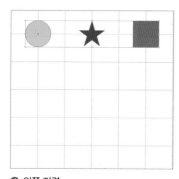

❹ 위쪽 정렬

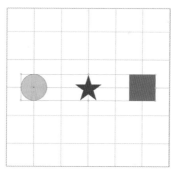

❺ 수평 중심 정렬

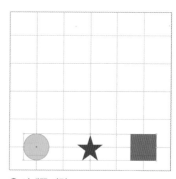

❻ 아래쪽 정렬

Distribute Objects: 오브젝트들 간의
간격 분포를 조절합니다.

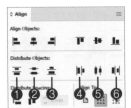

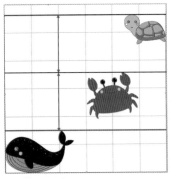

❶ 윗선 간격 분포

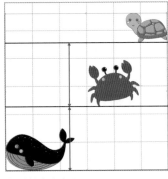

❷ 수평 중심 분포

❸ 아랫선 간격 분포

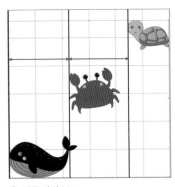

❹ 왼쪽 간격 분포

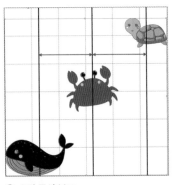

❺ 수직 중심 분포

❻ 오른쪽 간격 분포

Distribute Spacing: 오브젝트 간의 간격을 조절합니다.

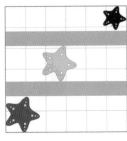

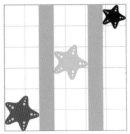

Align to: 정렬 기준을 선택합니다.

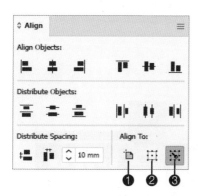

❶ **Align to Artboard**: 아트보드를 기준으로 정렬합니다.
❷ **Align to Selection**: 선택한 오브젝트들 간의 평균 지점에서 정렬합니다.
❸ **Align to Key Object**: 선택한 오브젝트 중 기준이 될 키 오브젝트를 정하고 그 오브젝트를 기준으로 정렬합니다.

● 키오브젝트를 중심으로 간격 설정하기

1. 오브젝트를 모두 선택하고 Align to Key Object를 선택합니다.
2. 노란색을 선택합니다.

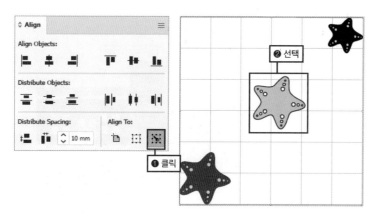

3. 간격을 '0'으로 하고 수평 분포 아이콘을 클릭합니다.
4. 오브젝트들 간의 간격이 0이 됩니다.

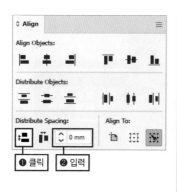

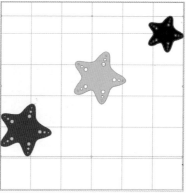

◎ **준비 파일**: chapter4/Align.ai

01　Align.ai 파일을 불러옵니다.

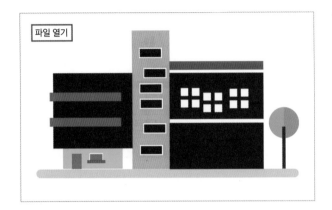

02　선택 툴(▶)로 Shift 를 누른 채 클릭하여 노란 사각형 안에 있는 사각형들을 모두 선택합니다.

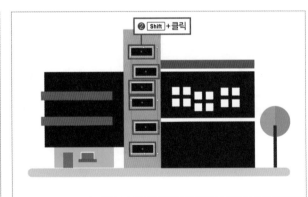

03　[Align] 패널에서 Vertical Distribute Center(수직 중심 분포)를 선택하여 간격을 맞춥니다.

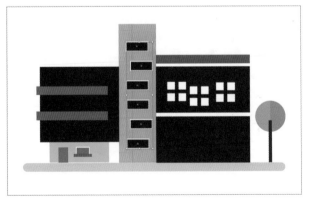

04 선택 툴(▶)로 Shift를 누른 채 노란
색 사각형도 클릭하여 선택을 추가합니다.

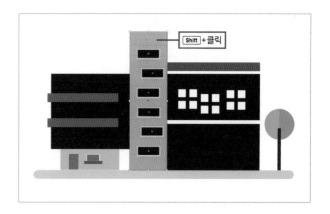

05 [Align] 패널에서 Horizontal Align Center(▣)를 클릭하여 가운데 정렬하고 방향키로 움직여 위
치를 맞춥니다.

 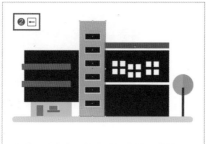 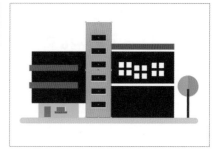

06 선택 툴(▶)로 그룹으로 묶인 오른쪽의 흰 사각형들 3개를 선택합니다. [Align] 패널에서
Horizonta1 Distribute Center(▯)를 클릭하여 간격을 맞춥니다.

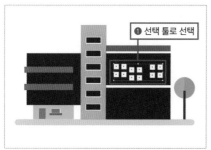 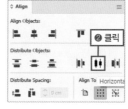 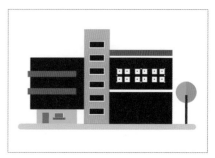

07 Alt를 누른 채 선택 툴(▶)로 드래그하여 아래에 하나 복제합니다. 선택 툴(▶)로 전체를 선택하고 Ctrl+G를 눌러 그룹으로 만듭니다.

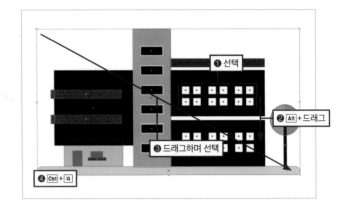

08 [Align] 패널에서 Horizontal Align Center(▣)와 Align Distribute Center(▥)를 클릭하여 아트보드의 정가운데에 놓이도록 합니다.

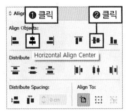

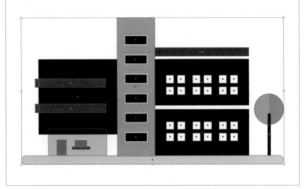

패스 합치고 나누기 -도형 구성 툴과 Pathfinder 패널

Pathfinder 패널에 대해 자세히 살펴보고 다양한 예제를 학습합니다. 또한 도형 구성 툴과 Pathfinder 패널의 차이도 배워보겠습니다.

L E S S O N

두 개 이상의 오브젝트를 합치거나 빼거나 하면 원하는 형태를 쉽게 만들 수 있습니다. [Pathfinder] 패널과 그 활용 방법에 대해 학습해 보겠습니다.

● Shape Modes

[Pathfinder] 패널

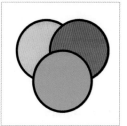

Expand

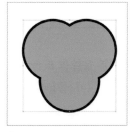

❶ 합치기

❷ 앞쪽 지우기

❸ 겹친 부분만 남기기

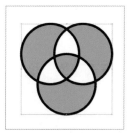

❹ 겹친 부분 지우기

● Pathfinders

[Pathfinder] 패널

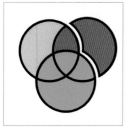

❺ 나누기
겹친 부분이 모두 나눠집니다. 실행 후 직접 선택 툴로 드래그 하면 분리됩니다.

❻ 자르기
뒤에 있는 오브젝트의 겹친 부분이 지워집니다. 실행 후 직접 선택 툴로 분리할 수 있습니다.

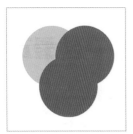

❼ 합치기
오브젝트의 색이 같으면 합쳐
지고, 다르면 나눠집니다. 구현
을 위해 연두색을 주황색으로
바꾸고 실행한 모습입니다.

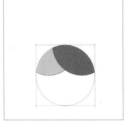

❽ 앞쪽 기준으로 나누기
앞쪽 오브젝트의 패스 선과 겹
친 부분만 남습니다.

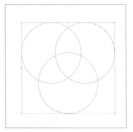

❾ 외곽선
패스 선만 남습니다.

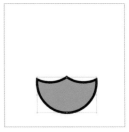

❿ 뒤쪽 지우기
맨 앞 오브젝트 영역만 남습
니다.

기능 예제

다이어그램 만들기

◎ **준비 파일**: chapter4/Pathfinder_01.ai, Pathfinder_02.ai, Pathfinder_03.ai, Pathfinder_04.ai

면으로 분할하기

01　Pathfinder_01.ai 파일을 불러오고 선택 툴(▶)로 드래그하여 모두 선택한 후 [Pathfinder] 패널에
서 Divide를 클릭합니다. 가운데 흰색 원과 연두색 원이 수직 및 수평선에 의해 면이 분할됩니다.

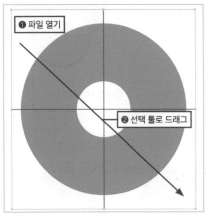

❶ 파일 열기
❷ 선택 툴로 드래그

❸ 클릭

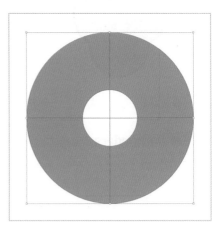

02 Ctrl+Shift+G를 눌러 그룹을 해제하고 선택 툴(▶) 로 선택해 보면 나눠진 것을 확인할 수 있습니다.

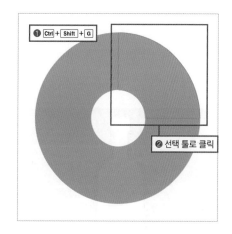

03 가운데 흰색 원을 하나의 원으로 합치기 위해 Shift를 누른 채 4개의 흰 부채꼴을 선택한 후 [Pathfinder] 패널에서 Unite를 클릭하여 합칩니다.

04 선택 툴(▶)로 면을 하나씩 선택한 후 원하는 색으로 변경하여 마무리합니다.

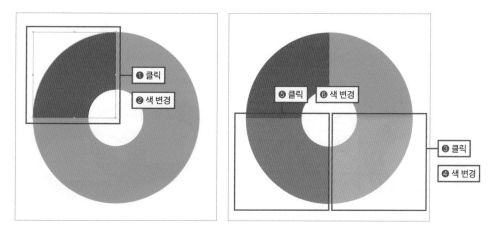

윗면으로 자르기

01 선택 툴(▶)로 모두 선택하고 [Pathfinder] 패널에서 Crop을 클릭하면 위의 이미지 면의 형태대로 아래의 이미지가 남고 Stroke는 사라집니다.

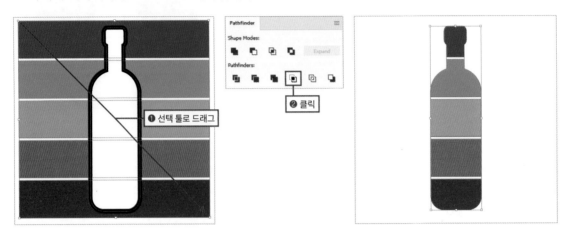

고리 만들기

01 선택 툴(▶)로 모두 선택하고 [Pathfinder] 패널에서 Divide를 클릭하면 겹친 면들이 모두 나눠집니다. 두 고리가 연결되어 보이도록 면을 선택하여 스포이트 툴(✐)로 찍어 같은 색으로 변경합니다.

02 빨간색으로 된 면을 모두 선택한 후 [Pathfinder] 패널에서 Unite를 클릭하여 합칩니다.

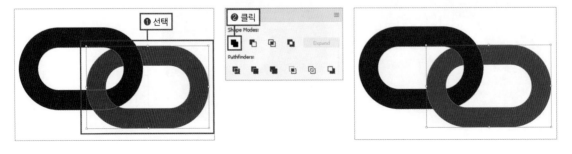

● 도형 구성 툴 vs Pathfinder

◎ **준비 파일**: chapter4/shapebuilder.ai

도형 구성 툴(🔧)로도 간단하게 합치거나 나누는 것을 할 수 있습니다. 하지만 [Pathfinder] 패널을 사용하면 한 번에 되는 것들도 도형 구성 툴로는 여러 번 작업해야 합니다. 간단한 것은 도형 구성 툴(🔧)로, 복잡한 것은 [Pathfinder] 패널로 작업하는 것이 좋습니다.

오브젝트 합치기: 내부를 드래그합니다.

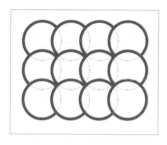  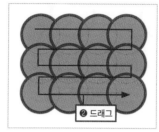 

오브젝트 나누기: 겹친 부분을 클릭한 후 Shift 를 누른 채 선택 툴(▶)로 겹친 부분을 추가합니다. 오브젝트가 분리되었으므로 면 색을 다른 색으로 바꿔봅니다.

 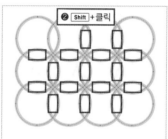 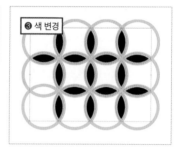

앞쪽 오브젝트 없애기: Alt 를 누른 채 클릭합니다.

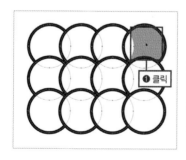 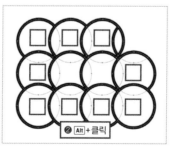 

같은 속성의 새 오브젝트 만들기: 오브젝트를 모두 선택한 후 도형 구성 툴(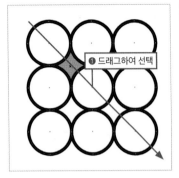)로 가운데 영역을 클릭하면 클릭한 영역도 오브젝트가 만들어집니다.

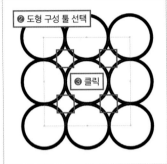
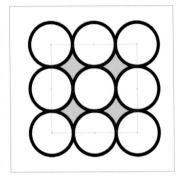

빈 공간을 하나로 합치기: 도형 구성 툴(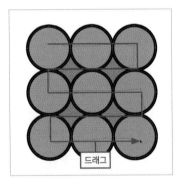)로 오브젝트 간의 영역을 포함하여 드래그하면 하나의 오브젝트로 합쳐집니다.

01   원형 툴(◯)을 선택하고 면 색만 설정한 후 원을 그립니다. 구름 형태에 맞게 여러 개의 원을 그리는데 가운데는 사각형 툴(▢)로 네모를 그려 메워줍니다.

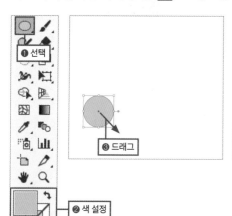
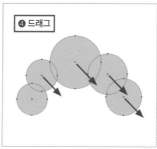

02   선택 툴(▶)로 드래그하여 모두 선택한 후 [Pathfinder] 패널에서 Unite(▣)를 클릭하여 패스를 모두 합칩니다.

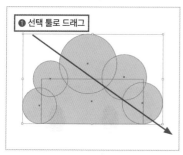
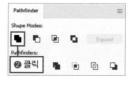

03   원형 툴(◯)로 흰색 원을 그린 후 검은색 원을 흰색 원보다 작게 그립니다.

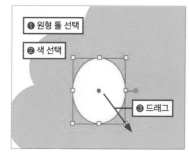
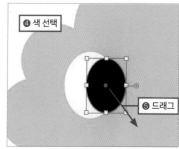

04 두 개의 원을 선택하고 [Pathfinder] 패널에서 Divide()를 클릭하여 패스를 분리합니다.

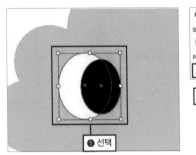

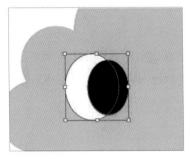

05 직접 선택 툴(▶)로 오른쪽 검은색 부분의 면을 클릭하고 Delete 를 눌러 지웁니다. 원을 선택하고 Alt 를 누른 채 드래그하여 복제합니다.

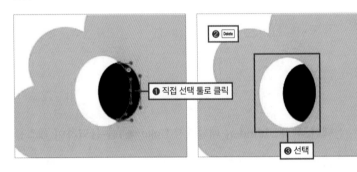

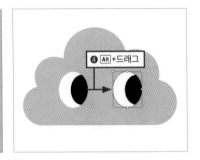

06 원형 툴(◯)로 드래그
하여 타원을 하나 그리고 그 위
에 베이지 톤의 원을 하나 더
그립니다. 마지막으로 펜 툴
(✐)로 면 색을 없애고 윤곽선
색을 검은색으로 설정하여 입
을 그려 완성합니다.

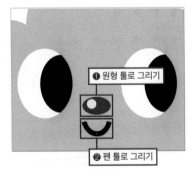

◎ **준비 파일**: chapter4/Icecream.ai

01　Icecream.ai 파일을 불러오고 새 레이어를 생성합니다. 원형 툴(◯)로 Shift 를 누른 채 빨간색 원을 그립니다.

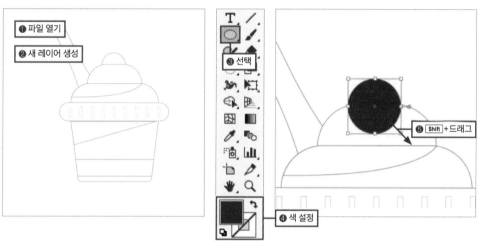

02　색을 선택한 후 사각형 툴(▢)로 사각형을 그리고 직접 선택 툴(▷)로 위젯을 드래그하여 동그랗게 수정합니다.

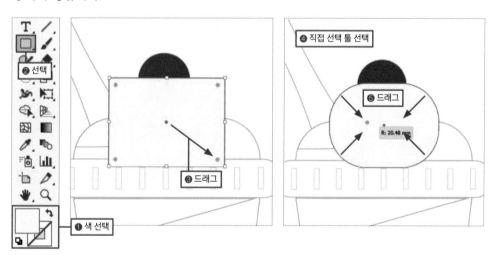

03 앞서와 같은 방법으로 아래의 둥근 모양도 그립니다. [Ctrl]+[C]를 눌러 복사해 놓습니다.

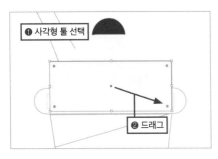 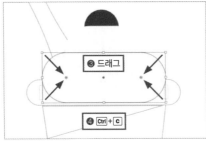

04 두 개의 둥근 사각형을 모두 선택하고 [Pathfinder] 패널에서 Minus([🔲])를 클릭합니다.

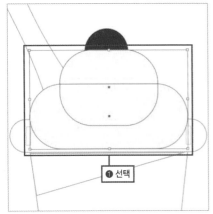  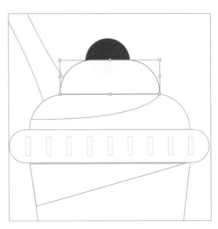

05 원형 툴이나 펜 툴로 라인에 맞춰 타원을 그립니다. 복사해 둔 오브젝트를 [Ctrl]+[Shift]+[V]를 눌러 제자리에 붙인 후 [Ctrl]+[[]를 눌러 한 단계 뒤로 보냅니다.

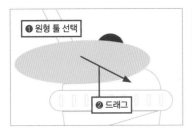 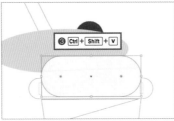 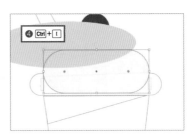

06 두 개의 오브젝트를 선택하고 [Pathfinder] 패널에서 Divide(⊡)를 클릭합니다.

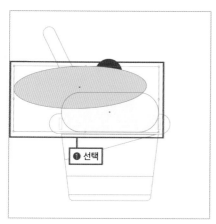
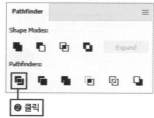

07 맨 위의 면을 직접 선택 툴(▷)로 선택하고 Delete 를 눌러 지웁니다.

08 가운데 부분을 앞에서 그린 방법과 마찬가지로 그린 후 라인 툴(╱)로 밑에 나누는 선을 3개 그립니다.

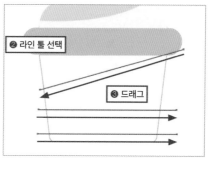

09 맨 밑면에 해당하는 둥근 사각형을 그린 후 Ctrl + Shift + I 를 눌러 맨 뒤로 보냅니다.

 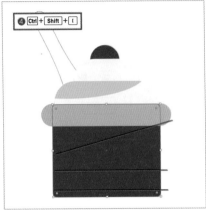

10 직접 선택 툴(▷)로 왼쪽 하단 모서리 부분을 선택하고 키보드의 방향키를 눌러 오른쪽으로 이동합니다. 마찬가지로 오른쪽 하단의 모서리도 왼쪽으로 이동시킵니다.

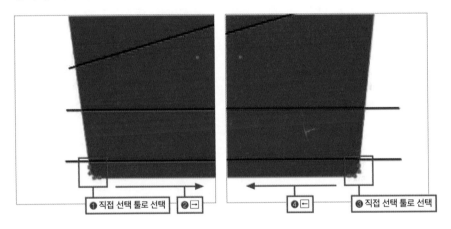

11 앞에서 그린 3개의 선과 빨간 네모를 모두 선택한 후 [Pathfinder] 패널에서 Divide(🔳)를 클릭합니다.

12 면이 선에 따라 나눠지면 직접 선택 툴(◢)로 각 면을 선택한 후 색을 바꿔줍니다.

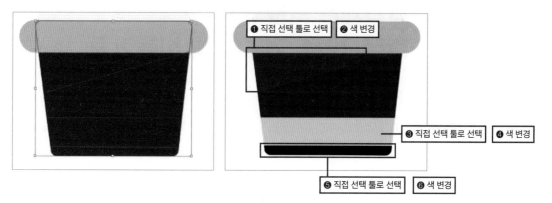

13 펜 툴(◢)로 스푼을 그리고 사각형 툴(▢)로 앞의 장식을 넣어 마무리합니다.

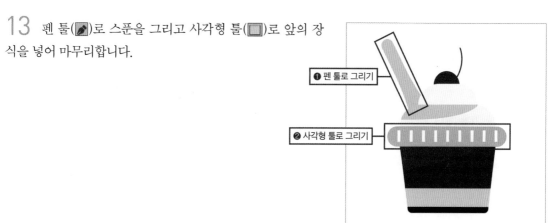

오브젝트 변형하기 – 회전, 반전, 기울이기, 비틀기 등

오브젝트를 회전시켜 변형하는 방법과 회전 툴로 단풍 문양 만들기, 회전으로 수박 만들기 등을 실습합니다. 반전 기능에 대해 알아보고 팝업 창에는 무엇이 있는지 알아봅니다.

● 회전

오브젝트를 선택하고 회전 툴을 선택하면 오브젝트 가운데에 기준점이 나타납니다. 이때 드래그하면 기준점을 중심으로 회전됩니다. 기준점은 옮길 수 있으며 옮긴 지점을 기준으로 회전됩니다.

---

1 ● 기능 예제 ●   **회전 툴로 단풍 문양 만들기**

◎ **준비 파일**: chapter4/Rotate.ai

01 선택 툴(▶)로 오브젝트를 선택하고 회전 툴(↻)을 선택합니다.

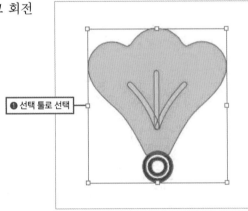

❶ 선택 툴로 선택

❷ 선택

02 가운데에 중심점이 생깁니다. 아랫부분을 클릭하여 중심점을 이동합니다.

 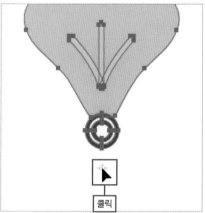

03 클릭한 후 Shift + Alt 를 누른 채 드래그하여 회전하면서 복사합니다.

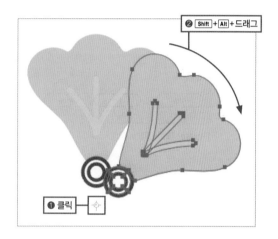

04 Ctrl + D 를 6번 눌러 반복 실행합니다.

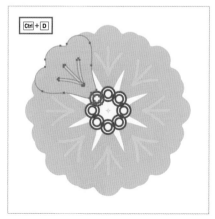 

1) 정확한 수치로 회전-Rotate 대화상자

오브젝트를 선택하고 회전 툴(⟳)을 더블
클릭하면 팝업 창이 뜹니다.

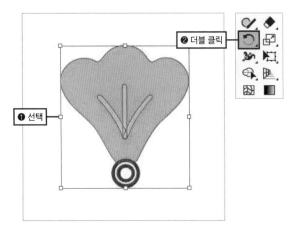

[Rotate] 대화상자

❶ **Angle**: 각도를 돌리거나 수치를 입력하여 각도를 설정합니다.

❷ **Options**: 체크하면 패턴 적용 시 패턴도 같이 회전합니다.

❸ **Preview**: 회전이 적용된 것을 미리 볼 수 있습니다.

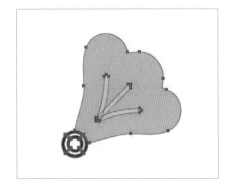

2) 정확한 수치로 회전-Transform 패널

선택 툴(▶)로 오브젝트를 선택합니다.

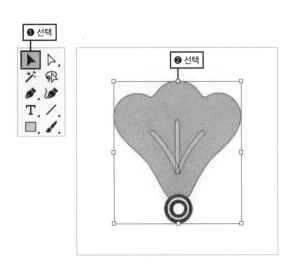

[Transform] 패널에서 기준점을 설정하고 각도를 선택
합니다.

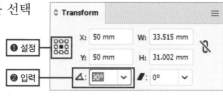

❶ 설정

❷ 입력

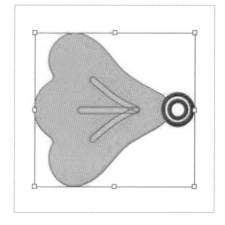

2 • 기능 예제 •   회전으로 수박 만들기

◎ **준비 파일**: chapter4/Watermelon.ai

01 Watermelon.ai. 파일을 불러옵니다. 선택
툴(▶)로 오브젝트를 선택한 후 회전 툴(◌)을 선
택합니다.

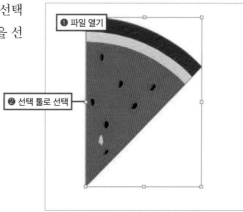

❶ 파일 열기

❷ 선택 툴로 선택

❸ 선택

02 아랫부분을 클릭하여 중심점을 이동합니다.

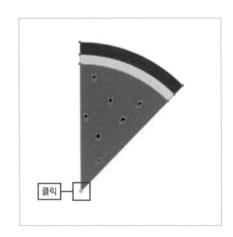

클릭

03 클릭한 후 [Shift]+[Alt]를 누른 채 드래그하여 회전하면
서 복사합니다.

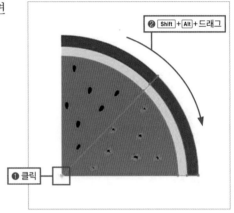

❷ [Shift]+[Alt]+드래그

❶ 클릭

04 [Ctrl]+[D]를 6번 눌러 반복 실행하여 완성합니다.

[Ctrl]+[D]

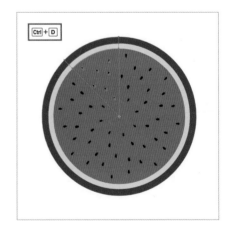

● 반전

오브젝트를 선택하고 반전 툴을 선택하면 오브젝트 가운데에 기준점이 나타납니다. 이때 드래그하면 기준점을 중심으로 반전됩니다. 기준점은 옮길 수 있으며 옮긴 지점을 기준으로 반전됩니다.

3 • 기능 예제 • 반전 적용하기

⊙ **준비 파일**: chapter4/Reflect.ai, Repeat.ai

01 선택 툴(▶)로 오브젝트를 선택합니다.

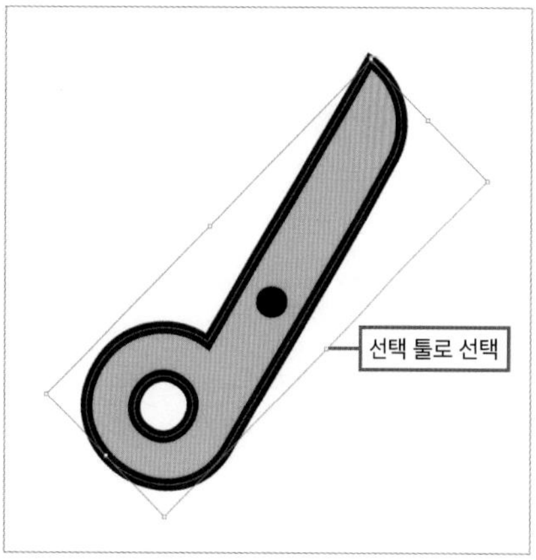

02 반전 툴(▷◁)을 선택하면 오브젝트 가운데에 기준점이 나타납니다. 기준점을 옮길 경우 원하는 지점을 클릭하면 기준점이 이동합니다.

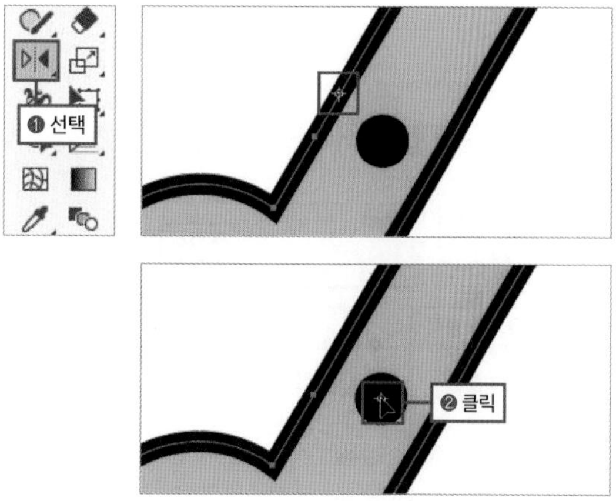

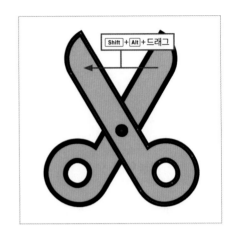

03 클릭한 후 Shift + Alt 를 누른 채 드래그하면 반전되면서 복사됩니다.

1) 정확한 수치로 반전

선택 툴(▶)로 오브젝트를 선택합니다.

선택 툴로 선택

반전 툴(◧)을 더블 클릭하면 팝업 창이 뜹니다. 팝업 창에서 설정한 후 [OK]를 클릭합니다.

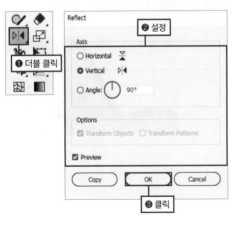

[Reflect] 대화상자

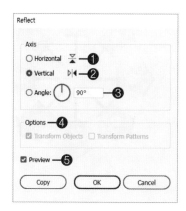

❶ **Horizontal**: 상하 반전됩니다.

❷ **Vertical**: 좌우 반전됩니다.

❸ **Angle**: 반전 각도 적용하여 45도 회전합니다.

❹ **Options**: 체크하면 패턴 적용 시 패턴도 같이 회전됩니다.
❺ **Preview**: 반전이 적용된 것을 미리 볼 수 있습니다.

2) 반복 메뉴

◎ **준비 파일**: chapter4/Repeat.ai

Repeat.ai 파일을 불러온 후 [Object]-[Repeat]-[Options] 메뉴를 선택하면 나타나는 [Repeat Options] 대화상자나 [Properties] 패널의 Repeat Options에서 옵션을 수정할 수 있습니다.

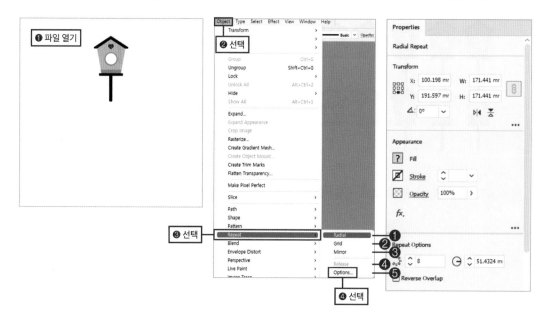

❶ **Radial:** 오브젝트를 방사형으로 반복합니다. 기본은 8개이며 반복 횟수와 지름을 수정할 수 있습니다.

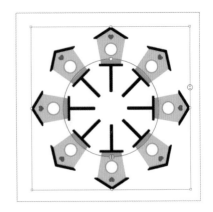

❷ **Grid:** 오브젝트를 격자형으로 반복합니다. 기본은 4×2로 8개로 배치되며 행, 열, 간격을 모두 수정할 수 있습니다.

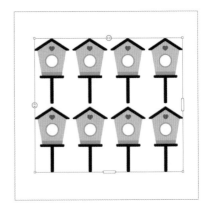

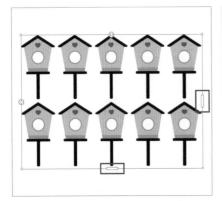

오른쪽과 아래쪽의 긴 원을 드래그하여 열과 행을 늘릴 수 있습니다.

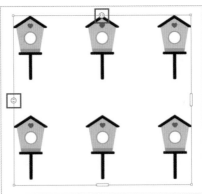

위쪽과 왼쪽의 원을 드래그하여 열과 행 간격을 조절할 수 있습니다.

❸ **Mirror :** 오브젝트를 거울에 비춰 대칭되게 그립니다. 오브젝트 간격, 대칭 축의 각도를 수정할 수 있습니다.

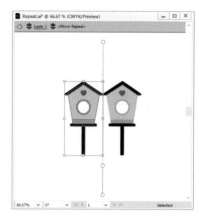

❹ **Release:** 반복을 취소합니다.

❺ **Options:** [Repeat Options] 대화상자가 뜹니다.

Radial Options

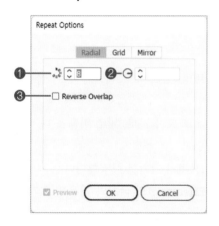

❶ **Number of instances:** 반복 횟수를 설정할 수 있습니다.
❷ **Radius:** 방사형 지름을 설정할 수 있습니다.
❸ **Reverse Overlap:** 체크 시 반복되는 오브젝트가 여러 개일 때 순서를 바꿀 수 있습니다.

Grid Options

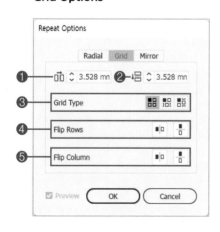

❶ **Horizontal spacing in grid:** 오브젝트 간의 가로 간격을 조절합니다.
❷ **Vertical spacing in grid:** 오브젝트 간의 세로 간격을 조절합니다.
❸ **Grid Type:** 배열 유형(기본 반복/행이 엇갈리면서 반복/열이 엇갈리면서 반복)을 선택할 수 있습니다.
❹ **Flip Row:** 행별로 가로 또는 세로로 반전합니다.
❺ **Flip Column:** 열별로 가로 또는 세로로 반전합니다.

Mirror Options

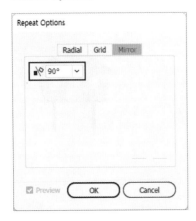

· 대칭 축의 각도를 조절합니다.
· 오브젝트의 간격을 조절합니다.

● 스케일 툴

오브젝트를 선택하면 생기는 바운딩 박스로 크기를 수정할 수 있지만 스케일 툴(⬚)을 더블 클릭하면 나타나는 [Scale] 대화상자에서 정확한 수치로 조절할 수 있습니다.

1) 오브젝트 크기 변형하기 1-스케일 툴

먼저 스케일 툴의 [Scale] 대화상자에 대해 알아봅니다.

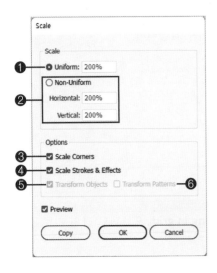

❶ **Uniform**: 오브젝트의 가로, 세로 비율을 같이 설정합니다.

❷ **Non-Uniform**: 오브젝트의 가로, 세로 비율을 다르게 설정합니다.

❸ **Scale Corners**: 모서리의 크기를 설정합니다.

❹ **Scale Strokes & Effects**: 선의 굵기와 적용된 효과를 함께 설정합니다.

❺ **Transform Objects**: 오브젝트의 크기를 조절합니다.

❻ **Transform Patterns**: 오브젝트에 적용된 패턴의 크기를 조절합니다.

4 · 기능 예제 ·   스케일 툴로 케이크 크기 변형하기

◎ **준비 파일**: chapter4/Cake.ai

01 Cake.ai 파일을 불러옵니다. 오브젝트를 선택한 후 스케일 툴(▣)을 더블 클릭합니다.

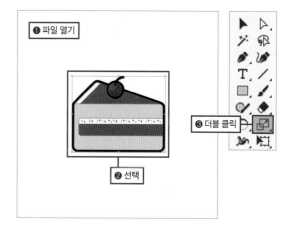

02 [Scale] 대화상자가 나타나면 Uniform(균일)에 200%를 입력하고 [OK]를 클릭합니다.

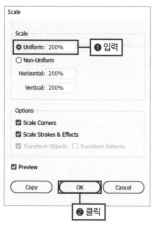

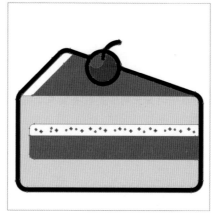

2) 오브젝트 크기 변형하기 2-Transform 패널의 수치 변경으로 확대 및 축소하기

선택 툴(▶)로 오브젝트를 선택하고 [Transform] 패널에서 가로, 세로 비율을 고정합니다. Width에 수치를 입력하면 선 굵기는 유지된 채 오브젝트의 크기만 정비례로 변합니다.

하단의 Scale Strokes & Effects 를 체크하고 변형하면 선의 굵기도 오브젝트와 비례하여 변형됩니다.

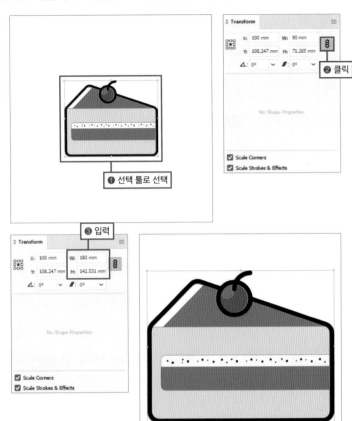

3) 오브젝트 크기 변형하기 3-한번에 여러 오브젝트를 확대 및 축소하기

◎ **준비 파일**: chapter4/Balloons.ai

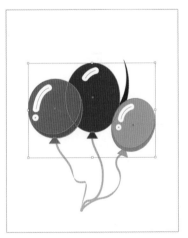

여러 오브젝트들을 선택합니다.

[Object]-[Transform]-[Transform Each] 메뉴를 선택하고 기준점을 중앙 하단으로 설정합니다.

원래 위치에서 크기를 75%로 조절합니다.

● **기울기 툴**

기울기 툴(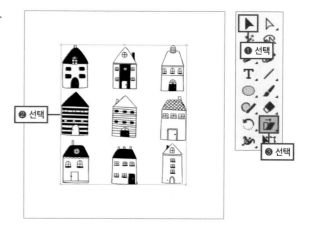)은 오브젝트를 드래그하여 기울기를 조절하는 툴입니다. 기울기 툴을 더블 클릭하면 나타나는 [Shear] 대화상자에서 정확한 수치로 기울기를 조절할 수 있습니다.

5 · 기능 예제 · 　Shear 대화상자에서 Angle 설정하기

◎ **준비 파일**: chapter4/House.ai

01 　선택 툴(▶)로 오브젝트를 선택한 후 기울기 툴(☞)을 선택합니다.

02 　클릭한 후 드래그하여 기울입니다.

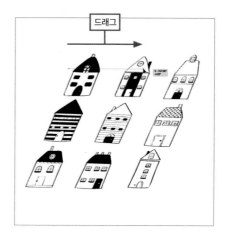

03 Ctrl + Z 를 눌러 되돌립니다.

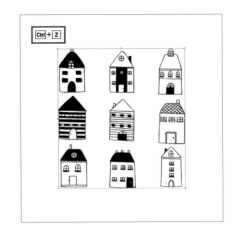

04 기울기 툴()을 더블 클릭하여 [Shear] 대화상자에서 Angle을 150도로 설정한 후 [OK]를 클릭합니다.

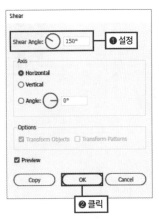

NOTE

다양한 기울기 설정 방법

선택 툴()로 오브젝트를 선택하고 기울기 툴()을 선택합니다. 오브젝트를 드래그하면 중심은 고정된 채 다양한 각도로 기울일 수 있습니다. Shift 를 누른 채 드래그하면 평행사변형을 만들 수 있습니다. [Transform] 패널에서 수치를 기입하여 기울일 수도 있습니다.

심벌

Symbols 패널에는 어떤 것이 있는지 알아보고 심벌 스프레이 툴, 심벌 이동 툴, 심벌 스크런처 툴, 심벌 크기 조절 툴, 심벌 회전 툴 등의 심벌 툴에 대해 간단히 살펴봅니다. 심벌로 나뭇가지를 그리는 실습도 진행합니다.

LESSON

● Symbols 패널

[Symbols] 패널은 [Window]-[Symbols] 메뉴를 선택하여 엽니다. 심벌 라이브러리에는 일러스트레이터에서 제공하는 다양한 심벌들이 있습니다.

오브젝트를 심벌로 등록하면 아무리 많이 사용하더라도 파일 용량이 늘지 않습니다.

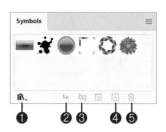

❶ **Symbol Library Menu**: 일러스트레이터에서 제공하는 다양한 심벌 라이브러리가 있습니다.

❷ **Place Symbol Instance**: [Symbols] 패널에 저장된 심벌을 화면에 나타냅니다.

❸ **Break Link to Symbol**: 아트보드에 적용한 심벌 속성을 해제합니다.

❹ **New Symbol**: 오브젝트를 새 심벌로 등록합니다.

❺ **Delete Symbol**: 등록된 심벌을 삭제합니다.

● 심벌 툴

❶ **심벌 스프레이 툴(Shift + S)**: 등록된 심벌을 아트보드에 드래그하여 나타냅니다.

❷ **심벌 이동 툴**: 심벌을 이동합니다.

❸ **심벌 스크런처 툴**: 심벌을 안쪽으로 모읍니다. Alt 를 누른 채 드래그하면 반대 효과가 나타납니다.

❹ **심벌 크기 조절 툴**: 심벌을 드래그하여 확대합니다. Alt 를 누른 채 드래그하면 축소됩니다.

❺ **심벌 회전 툴**: 심벌의 각도를 조절합니다.

❻ **심벌 색상 변경 툴**: 심벌의 색상을 변경합니다.

❼ **심벌 불투명도 조절 툴**: 심벌의 불투명도를 조절합니다.

❽ **심벌 스타일 툴**: 심벌에 [Graphic Styles] 패널에 등록된 그래픽 스타일을 적용합니다.

◎ **준비 파일**: chapter4/Leaf.ai

01 Leaf.ai 파일을 불러옵니다. 잎을 선
택하고 [Symbols] 패널로 드래그하여 등록
합니다.

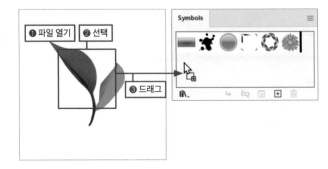

02 Name은 'Leaf'로 하고 Registration
에서 기준점을 아래로 한 후 [OK]를 클릭
합니다. [Symbols] 패널에 등록이 되었습
니다.

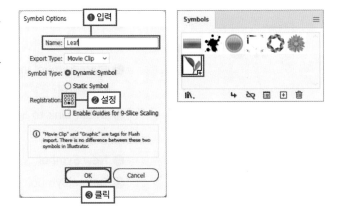

03 브러시 툴()을 선택하고 [Brushes] 패널
하단의 브러시 라이브러리 아이콘()을 클릭하
여 [Decorative]-[Elegant Curl & Floral Brush Set]
을 선택합니다. Vine2 브러시를 선택합니다.

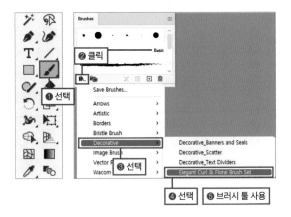

04 아트보드에 드래그하여
두 개의 가지를 그립니다.

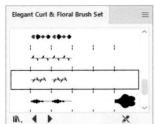

05 툴 패널에서 심벌 스프레이 툴(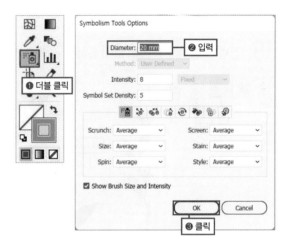)을 더블
클릭하여 옵션 창을 띄웁니다. Distance를 '20mm'
로 하고 [OK]를 클릭합니다.

06 심벌 스프레이 툴(📷)을 드래그하여 잎을 그립니다.

07 심벌 이동 툴(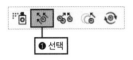)을 선택하고 드래그하여 잎들의 위치를 조절합니다.

08 심벌 스크런처 툴()을 사용하여 심벌을 안쪽으로 모웁니다.

09 심벌 크기 조절 툴(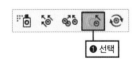)로 몇 개를 확대합니다.

10 심벌 회전 툴(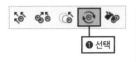)로 잎을 회전하여 가지에 붙여줍니다.

❶ 선택

❷ 드래그

11 심벌 불투명도 조절 툴(▥)로 심벌의 불투명도를 조절합니다.

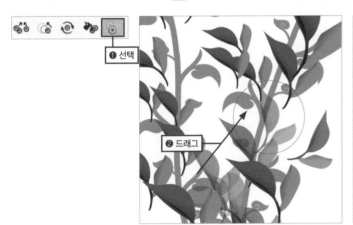

❶ 선택

❷ 드래그

12 [Object]-[Expand] 메뉴를 선택하여 [Expand] 패널에서 Object와 Fill에 체크한 후 [OK]를 클릭합니다. Ctrl+Alt+G를 눌러 그룹을 해제합니다. 위치나 방향 수정이 필요한 잎을 선택하여 수정하고 마무리합니다.

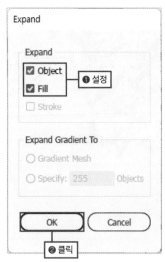

선과
그래프

다양한 선 편집과 그래프를 그리기 위해 필요한 기능들을 학습하고 인포그래픽의 기초도 다져봅니다.

선 모양 변형하기 -
다양한 모양으로 변형하기

선 두께와 선 끝 모양, 모서리 모양 그리고 선 위치를 설정할 수 있는 Stroke 패널에 대해 알아보고 점선을 만드는 방법과 화살표 만드는 방법에 대해 알아봅니다. 점선으로 배경을 만드는 실습도 진행합니다.

● Stroke 패널 알고 가기

❶ Weight: 선 두께를 조절합니다. 수치를 선택하거나 직접 입력할 수 있습니다.

❷ Cap: 선 끝 모양을 설정합니다.

패스에 딱 맞게　　　동그랗게　　　패스 밖

❸ Corner: 모서리 모양을 설정합니다.

각진 모서리　　　둥근 모서리　　　깎인 모서리

❹ Align Stroke: 선 위치를 설정합니다.

패스의 중간　　　패스의 안　　　패스의 밖

❺ Dashed Line: 체크하면 점선을 만듭니다. dash는 점선의 길이, gap은 점선 간의 간격입니다.

지정한 수치대로 점선의 간　모서리 기준으로 점선이 나타
격이 나타납니다.　　　납니다.

⑥ Arrowheads: 선의 시작 부분, 끝 부분에 화살 표를 넣을 수 있습니다.

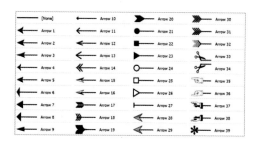

⑦ Scale: 표시된 화살표의 크기를 조절합니다. 링 크를 클릭하면 시작과 끝 부분이 같은 비율로 조절됩니다.

⑧ Align: 화살표의 위치를 패스 안과 밖으로 설정 할 수 있습니다.

⑨ Profile: 선 모양을 선택할 수 있습니다. 좌우, 상하 변경도 가능합니다.

● 점선 만들기

[Properties]-[Appearance] 메 뉴를 선택하고 [Stroke] 패널 에서 'Dashed Line'을 체크합 니다.

dash, gap의 수치를 입력하 면 입력한 수치의 길이, 간격 의 점선이 만들어집니다.

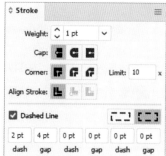

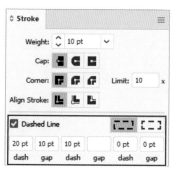

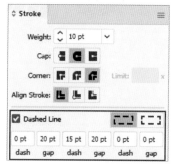

● 화살표 만들기

패스로 라인을 그리고 [Stroke] 패널에서 Arrowheads의 왼쪽, 오른쪽을 각각 설정합니다.

◎ **준비 파일**: chapter5/Stroke.ai

01   Stroke.ai 파일을 불러옵니다. 라인 일러스트에 어울리는 배경을 만들어 보도록 하겠습니다. 선택 툴(▶)로 이미지들을 아트보드 밖으로 옮기고 Ctrl + " 를 눌러 그리드를 표시합니다.

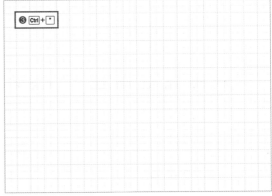

02 선 툴(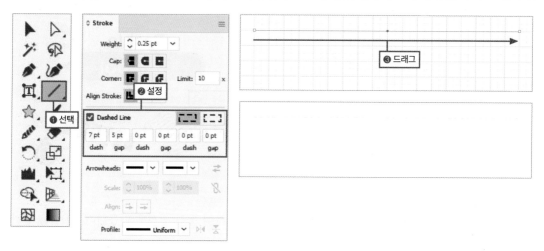)을 선택한 후 [Stroke] 패널에서 옵션으로 점선을 설정하고 수평선을 하나 그립니다.

03 Shift + Alt 를 누른 채 아래로 드래그하여 점선을 복제합니다. Ctrl + D 를 반복하여 선을 아래로 복제합니다.

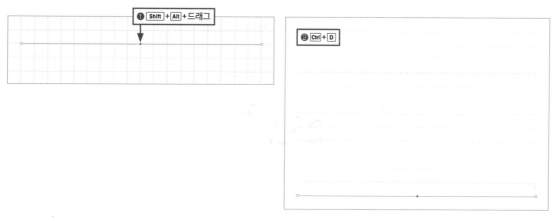

04 같은 방법으로 세로선도 그립니다. Ctrl + D 를 눌러 그리드를 안보이게 합니다.

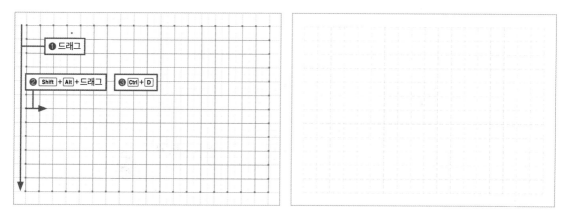

05 처음에 제공한 라인 오브젝트들을 이리저리 배치해 보겠습니다. 도형 툴들로 도형을 그려 넣고, 펜 툴(🖊)로 배경도 그립니다. 똑같이 하지 않더라도 지금까지 배운 기능들을 활용하여 구성해 봅니다.

06 연필 툴(🖊)을 선택하고 [Stroke] 패널에서 옵션을 조절하여 둥근 점선을 만듭니다. 선 색을 원하는 색으로 선택한 후 자유롭게 드래그하여 라인을 그립니다.

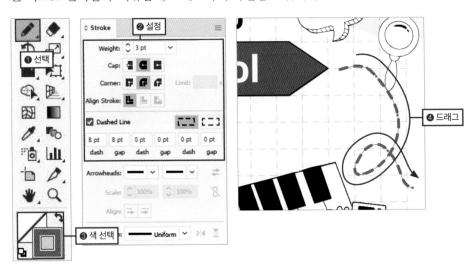

07 선 색을 바꾸고 왼쪽에도 하나 더 그려 넣어 완성합니다.

자연스러운 곡선

다양한 곡선 툴을 간단하게 살펴보고 연필 툴과 스무드 툴로 선을 고치는 방법 및 패스 지우개 툴로 패스를 지우는 방법에 대해 알아봅니다. 연필 툴로 화분의 외곽선을 그리는 연습도 해봅니다.

LESSON

❶ **모양 툴(** Shift **+** N **):** 원, 사각형 등의 도형을 대충 드래그하면 반듯한 형태의 도형이 그려집니다.

❷ **연필 툴(** N **):** 드래그하면 패스가 만들어지면서 선이 그려집니다.

❸ **스무드 툴:** 선을 매끄럽게 바꿔줍니다.

❹ **패스 지우개 툴:** 선을 드래그하면 삭제됩니다.

❺ **연결 툴:** 열린 패스를 드래그하면 선이 이어져 닫힌 패스가 됩니다.

● 연필 툴

연필 툴로 자유롭게 드래그하여 선을 그릴 수 있습니다. 수정하고 싶은 부분은 스무드 툴로 수정하거나 직접 선택 툴로 선택하여 수정할 수 있습니다. 패스 지우개 툴을 선택하고 드래그하여 삭제할 수도 있습니다.

1) 연필 툴로 그리기

연필 툴을 선택하고 옵션 창에서 면 색은 투명, 선 색은 원하는 색으로 설정하고 Stroke는 3pt로 합니다. 클릭한 채 드래그하여 선을 그리면 선이 만들어집니다.

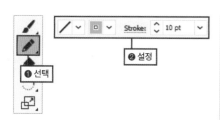

2) 연필 툴로 고치기

선을 수정해 보겠습니다. Ctrl을 누르면 선택 툴이 나타나는데 그려 놓은 곡선을 클릭하여 선택합니다. 연필 툴로 패스 위에서 원하는 모양으로 드래그하면 선이 바뀝니다. 끝 선에서 드래그하면이어 그릴 수도 있습니다.

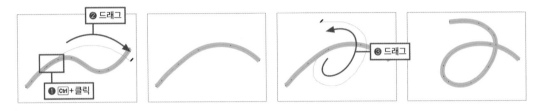

● 스무드 툴로 고치기

연필 툴로 그린 선을 스무드 툴로 좀 더 매끄럽게 수정할 수 있습니다. 연필 툴로 선을 드래그하여그린 후 스무드 툴을 선택하여 그린 곡선을 따라 드래그합니다. 기준점의 개수가 줄어들면서 좀 더매끄러워진 것을 확인할 수 있습니다.

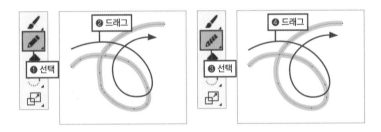

툴 패널의 스무드 툴을 더블 클릭하면 [Smooth Tool Options] 대화상자가 뜹니다. 여기서 매끄러운 정도를 조절할 수 있는데 오른쪽으로 갈수록 매끄러운 선으로 수정됩니다.

● 패스 지우개 툴로 지우기

그려 놓은 패스를 일부 지울 때는패스 지우개 툴을 사용합니다. 그린 패스를 선택한 상태에서 패스지우개 툴로 지우고 싶은 부분을드래그하면 패스가 지워집니다.

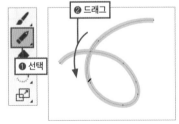

Pencil Tool Options 대화상자

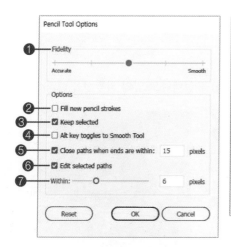

❶ **Fidelity**: 패스 기준점의 개수를 조절합니다. 왼쪽으로 갈수록 많아지면서 정교해집니다.

❷ **Fill new pencil strokes**: 드래그할 때 면을 만듭니다.

❸ **Keep selected**: 드로잉하면 패스가 선택된 상태가 됩니다.

❹ **Alt key toggles to Smooth Tool**: 연필 툴이 선택된 상태에서 Alt 를 누르고 있는 동안 스무드 툴이 됩니다.

❺ **Close paths when ends are within**: 연필 툴로 드래그하여 면을 만들 때 시작점과 가까워지면 면이 자동으로 닫히는데 닫히는 정도와 그 간격을 정합니다.

❻ **Edit selected paths**: 패스 선이 선택된 상태에서 드래그하면 수정되어 그려집니다.

❼ **Within**: 먼저 그린 패스에 다른 패스를 겹쳐 그릴 경우, 패스 선이 얼만큼일 때 이어지게 할지를 정합니다. 체크를 해제하면 겹쳐 그려도 이어지지 않습니다.

◎ **준비 파일**: chapter5/Monstera.ai

01　Monstera.ai 파일을 불러옵니다. 연필 툴(🖊)을 선택하고 잎의 외곽선을 따라 드래그합니다.

02　선의 일부를 수정하려면 직접 선택 툴(▷)을 선택하여 방향 선을 수정하거나 기준점을 이동하여 수정합니다.

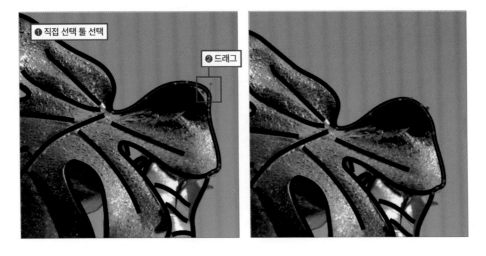

03 화분까지 전체를 다 그립니다. 원본 레이어의 눈(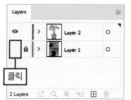)을 끄면 그린 상태를 볼 수 있습니다.

04 [Stroke] 패널에서 선 두께를 부분 변경할 수 있습니다. 원본 레이어를 다시 보이게 하고 연필 툴 (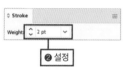)로 작업한 레이어의 선 두께를 2pt로 변경합니다.

● 브러시로 그리기

[Brushes] 패널에는 브러시 툴을 사용하여 그릴 수 있는 다양한 모양의 브러시들이 들어 있습니다. [Window]-[Brushes] 메뉴를 선택하거나 [Brushes] 패널 하단의 [Brushes Libraries] 아이콘을 클릭하여 불러올 수 있습니다. [Brushes Libraries] 패널은 [Window]-[Brushes Libraries] 메뉴를 선택하여 불러올 수도 있습니다. [Brushes Libraries] 패널에서는 화살표, 서예 붓, 뻣뻣한 붓, 패턴 브러시 등 여러 가지 스타일의 브러시를 선택할 수 있습니다.

브러시 툴을 선택하고 면 색을 투명, 선 색은 검정으로 설정합니다. [Brushes] 패널에서 15pt.round를 선택하여 드래그합니다.

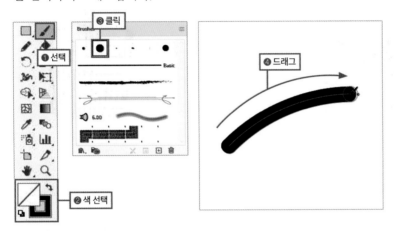

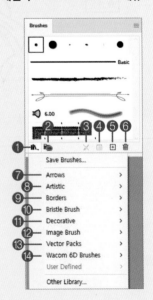

더 알·아·보·기

Brushes 패널과 Brushes Libraries 메뉴

Brushes 패널
❶ [Brushes Libraries] 메뉴를 선택합니다.
❷ [Libraries] 패널에서 색, 그래픽, 레이어 스타일 등을 적용할 수 있습니다.
❸ 적용된 브러시를 취소합니다.
❹ 적용된 브러시의 옵션을 수정합니다.
❺ 새 브러시를 등록합니다.
❻ 브러시를 삭제합니다.

Brushes Libraries 패널
❼ Arrows: 화살표입니다.
❽ Artistic: 회화적 터치를 표현하는 브러시입니다.
❾ Borders: 프레임 효과를 줍니다.
❿ Bristle Brush: 뻣뻣한 브러시입니다.
⓫ Decorative: 장식 효과를 줍니다.
⓬ Image Brush: 비트맵 이미지로 표현되는 브러시입니다.
⓭ Vector Packs: 붓 터치 느낌을 주는 브러시로 캘리그래피 효과를 낼 수 있습니다.
⓮ Wacom 6D Brushes: 태블릿 사용자의 필압에 따라 조절되는 브러시로 태블릿 사용자만 사용할 수 있습니다.

1) 브러시 라이브러리 활용하기

[Brushes] 패널 하단의 [Brushes Libraries] 아이콘을 클릭하여 [Artistic]-[Artistic_ChalkCharcoalPencil] 메뉴를 선택한 후 'Chalk Scribble'을 선택하면 [Brushes] 패널에 등록됩니다. 드래그하여 선을 그립니다.

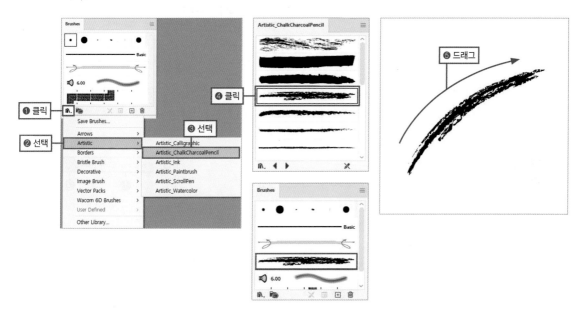

Stroke의 수치를 조절하여 브러시의 크기를 조절할 수 있습니다.

2) 브러시를 일반 패스로 만들기

[Object]-[Expand Appearance] 메뉴를 선택하면 일러스트레이터에서 준 효과를 그대로 패스로 만듭니다. 일러스트레이터에서 준 효과가 버전이나 설정에 따라 다르게 보이는 것을 해결할 수 있습니다.

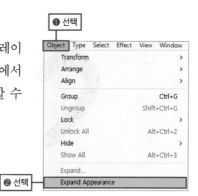

Expand
하나의 패스에 면과 선의 구분 없이 효과가 적용됩니다.

Expand Appearance
하나의 패스에 면과 선이 분리되어 효과가 적용됩니다.
ex) 선에는 브러시, 면에는 다른 효과를 줄 수 있습니다.

3) Simplify 대화상자

패스의 기준점 개수가 많을 경우 용량이 커지기 때문에 기준점 개수를 줄이는 것이 좋습니다.
[Object]-[Path]-[Simplify] 메뉴를 선택하면 슬라이더 바가 나타납니다.

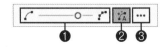

❶ 기준점 개수를 조절합니다.

❷ 선택한 패스에 맞는 기준점 개수로 자동으로 조절합니다.

❸ 더 많은 옵션을 확인할 수 있습니다.

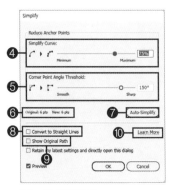

❹ **Simplify Curve**: 기준점 개수를 조절합니다.

❺ **Corner Point Angle Threshold**: 기준점 각도를 조절합니다.

❻ 원본 기준점 개수/수정된 기준점 개수를 조절합니다.

❼ **Auto-Simplify**: 선택한 패스에 맞는 기준점 개수로 자동으로 조절합니다.

❽ **Convert to Straight Lines**: 곡선을 직선으로 변경합니다.

❾ **Show Original Path**: 원본 패스를 볼 수 있습니다.

❿ **Learn More**: 어도비 웹사이트의 도움말 페이지로 이동합니다.

[Simplify] 대화상자

● 물방울 브러시

물방울 브러시를 선택하고 아트보드 위에 드래그합니다. 물방울 브러시로 그린 선은 면의 속성을 가집니다. 다시 Ctrl+Y를 누르면 원래 상태로 돌아옵니다.

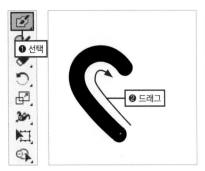

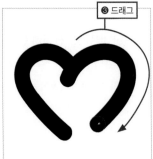

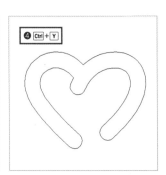

1) 물방울 브러시의 색과 크기

물방울 브러시의 색은 면 색, 선 색이 모두 있을
경우 선 색으로 그려집니다.

선 색이 투명으로 설정된 경우에는 면 색으로
그려집니다.

브러시의 크기는 키보드의 [ ], [ ]로 조절할 수 있습니다.

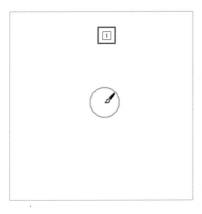 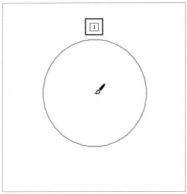

◎ **준비 파일**: chapter5/Emotions.ai

01   Emotions.ai 파일을 불러옵니다. 브러시 툴(✎)을 선택하고 선 색은 '없음', 면 색은 '검정'으로 합
니다. [Brushes] 패널을 열고 5pt.round 브러시를 선택합니다.

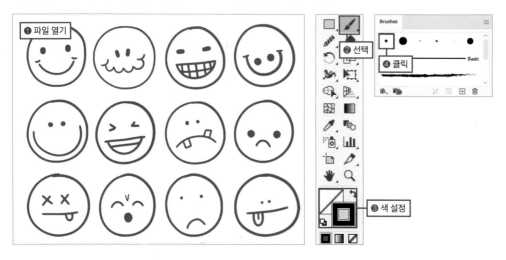

02   테두리를 먼저 드래그하여 그린 후 키보드에서 Ⅰ와 Ⅰ를 사용하여 브러시 크기를 조절해 가며
눈과 입을 그립니다.

03 같은 방법으로 나머지도 완성합니다.

---

3 · 기능 예제 ·   아트 브러시로 나뭇잎 색상 바꾸기

◎ **준비 파일**: chapter5/Artbrush.ai

01 Ctrl+O를 눌러 Artbrush.ai 파일을 불러옵니다. 잎을 선택하고 [Brushes] 패널로 드래그합니다. [New Brush] 대화상자가 나타나면 'Art Brush'를 선택하고 [OK]를 클릭합니다.

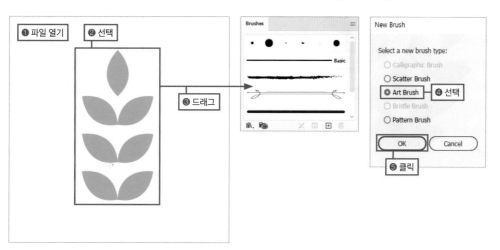

02 [Art Brush Options] 대화상자에서 방향을 위, Method를 'Hue Shift'로 설정하고 [OK]를 클릭하면 브러시가 [Brushes] 패널에 등록됩니다. 아트보드에 드래그하면 브러시가 그려집니다.

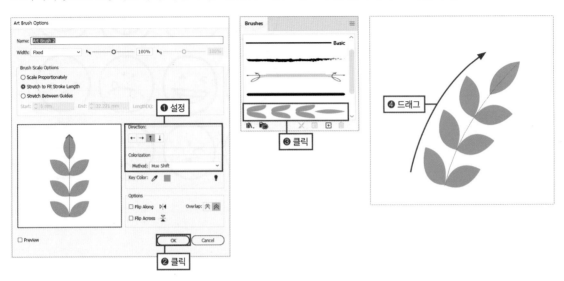

03 색을 바꿔서 그릴 수도 있습니다. 선 색을 변경하고 드래그하면 바뀐 색으로 적용됩니다.

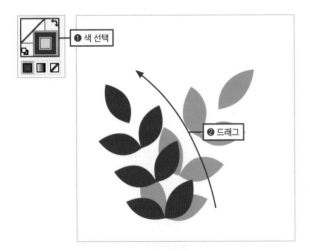

⊚ **준비 파일**: chapter5/Scatter.ai

01　Ctrl + O 를 눌러 Scatter.ai 파일을 불러옵니다. 선택 툴(▶)로 꽃을 선택하고 [Brushes] 패널로 드래그합니다. [New Brush] 대화상자가 나타나면 'Scatter Brush'를 선택하고 [OK]를 클릭합니다.

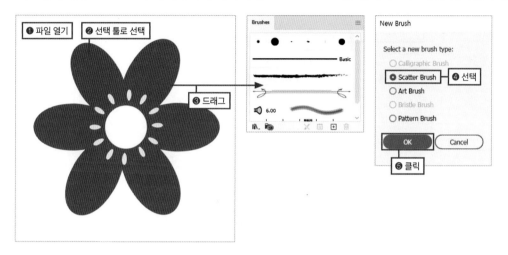

02　[Scatter Brush Options] 대화상자가 나타나면 Size, Spacing, Scatter, Rotation을 모두 'Fixed'로 설정하고 변화 범위를 원하는 대로 조절합니다. [OK]를 클릭하면 브러시가 [Brushes] 패널에 등록됩니다. 아트보드에 드래그하면 흩뿌려진 꽃잎들이 나타납니다.

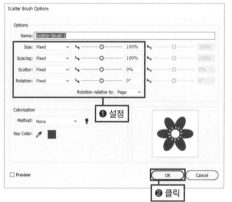

03 자연스럽게 뿌려지도록 옵션을 변경해 보겠습니다. [Brushes] 패널에 등록된 브러시를 더블 클릭
하면 [Scatter Brush Options] 대화상자가 뜹니다. Size, Spacing, Scatter, Rotation을 모두 'Random'으로 설
정하고 변화 범위를 원하는 대로 조절합니다. [OK]를 클릭하면 브러시가 [Brushes] 패널에 등록됩니다.

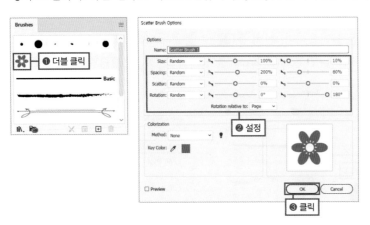

04 아트보드에 드래그하면 다양한 크기의 브러시가 흩뿌려집니다.

◎ **준비 파일**: chapter5/Patternbrush.ai

01 Ctrl + O 를 눌러 Patternbrush.ai 파일을 불러옵니다. 선택 툴(▶)로 선택하고 [Brushes] 패널로 드래그합니다. [New Brush] 대화상자가 나타나면 'Pattern Brush'를 선택하고 [OK]를 클릭합니다.

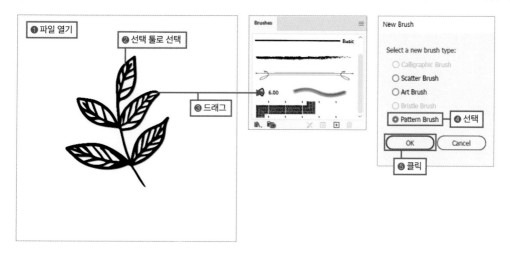

02 [Pattern Brush Options] 대화상자에서 모서리의 모양을 설정하고 [OK]를 클릭하면 브러시가 [Brushes] 패널에 등록됩니다. 아트보드에 드래그하면 등록된 브러시가 드래그한 선을 따라 패턴처럼 이어져 나타납니다.

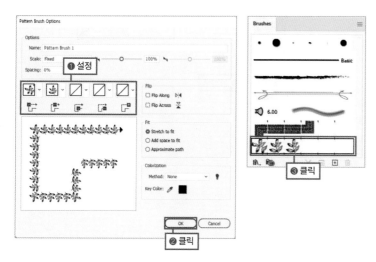

03 하트를 왼쪽, 오른쪽으로 나눠서 반씩 드래그하여
그렸습니다.

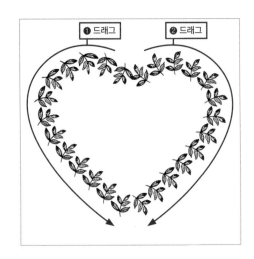

브러시 라이브러리 활용하기

01 아트보드에 사각형을 하나 그립니다.

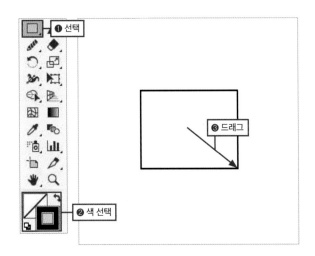

02 [Brushes] 패널에서 [Decorative]-[Image Brush]-[Image Brush Library] 메뉴를 선택합니다. 앞에서 그린 사각형을 선택한 후 'Denim Seam'을 선택합니다.

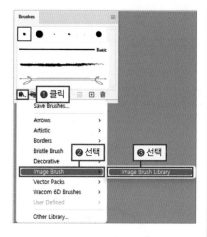

03 다른 도형들도 몇 개 더 그려 적용해 봅니다.

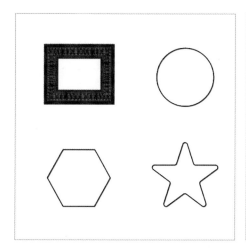

다양한 선분 툴

선분 툴, 호 툴, 나선 툴 등에 대해 간단히 살펴보고 선분 툴로 그리는 방법과 호 툴로 부채꼴 그리는 방법, 나선 툴로 나선 그리는 방법, 사각 그리드 툴로 사각 격자 그리는 방법, 극좌표 그리드 툴로 극좌표 격자 그리는 방법에 대해 알아봅니다.

LESSON

선분 툴: 클릭&드래그하여 선을 그립니다. Shift를 누른 채 드래그하면 수직, 수평, 45도의 직선을 그릴 수 있습니다.

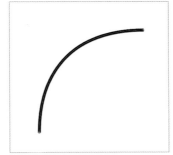

호 툴: 드래그하여 곡선을 그립니다. Shift를 누른 채 드래그하면 정 곡선을 그릴 수 있습니다.

나선 툴: 드래그하여 나선을 그릴 수 있습니다.

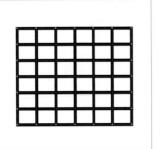

사각 그리드 툴: 드래그하여 표를 그립니다. Shift를 누른 채 드래그하면 가로, 세로 비율이 같은 표를 만들 수 있습니다.

극좌표 그리드 툴: 드래그하여 원형 표를 그립니다. Shift를 누른 채 드래그하면 정원의 표를 만듭니다.

사각 그리드 툴과 극좌표 그리드 툴을 선택한 후 아트보드의 빈 곳을 클릭하면 [Tools Options] 대화상자가 뜹니다. 이 옵션 창에 정확한 수치를 입력해 표를 만들 수 있습니다.

180

● 선분 툴(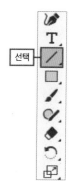)로 그리기

도형 툴과 마찬가지로 선분 툴을 선택하고 아트보드의 빈 곳을 클릭하면 옵션 창이 뜹니다. 수치를 입력하여 정확한 선을 그릴 수 있습니다. 선의 길이는 [Transform] 패널에서 폭과 너비를 입력하여 변경할 수 있습니다.

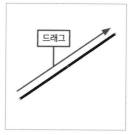

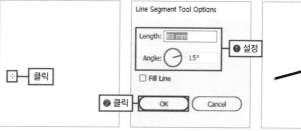

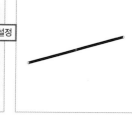

왼쪽을 클릭하여 오른쪽 위로 드래그합니다.　시작점을 클릭합니다.　옵션 창에서 길이, 각도를 입력 한 후 [OK]를 클릭합니다.　선이 그려집니다.

● 호 툴(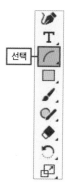)로 부채꼴 그리기

호 툴을 선택하고 시작점을 클릭한 채 드래그하여 부채꼴을 그립니다. 드래그하면서 키보드의 방향키를 위나 아래로 클릭하여 호의 구부러진 정도를 조절할 수 있습니다.

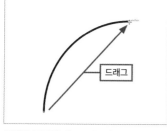

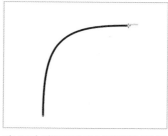

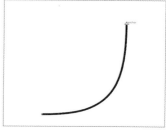

왼쪽을 클릭한 채 오른쪽 위로 드래그합니다.　키보드의 위쪽 방향키를 클릭하면 곡선의 구부러짐이 바뀝니다.　키보드의 아래쪽 방향키를 클릭하면 곡선의 구부러짐이 바뀌면서 방향이 아래로 바뀝니다.

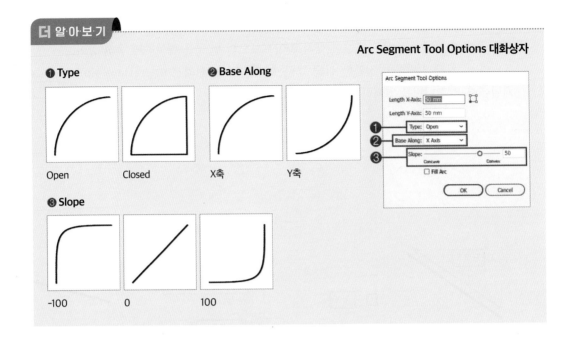

나선 툴을 선택하고 클릭&드래그하면 기본으로 선분 10개로 된 나선이 만들어집니다. 드래그 도중 [Shift]를 누르면 나선이 똑바로 됩니다. [Ctrl]를 누른 채 드래그하면 크기를 조절할 수 있습니다.

드래그 도중 위쪽 방향키를 누르면 누를 때마다 선분이 추가되고, 아래쪽 방향키를 누르면 누를 때마다 선분이 줄어듭니다.

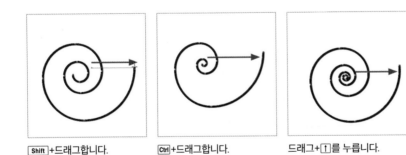

[Shift]+드래그합니다.　　　[Ctrl]+드래그합니다.　　　드래그+[↑]를 누릅니다.　　　드래그+[↓]를 누릅니다.

● 사각 그리드 툴(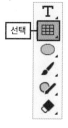)로 사각 격자 그리기

사각 격자는 표, 모눈 등 그리드를 그릴 때 유용합니다. 클릭&드래그하여 만들 수 있습니다. Shift를 누른 채 드래그하면 정사각형의 격자를 그릴 수 있습니다.

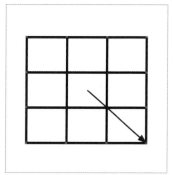

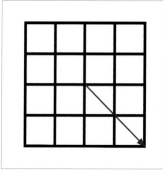

클릭&드래그합니다.

Shift +드래그합니다.

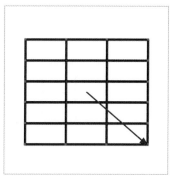

↑: 가로선 추가 위 2번 클릭

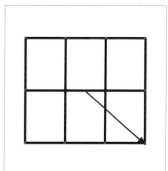

↓: 세로선 추가 아래 3번 클릭

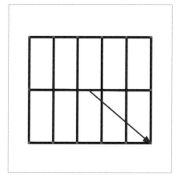

☐: 칸 추가 오른쪽 2번 클릭

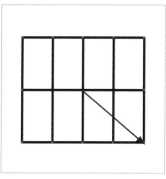

←: 칸 삭제 왼쪽 1번 클릭

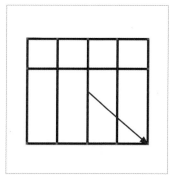

F : 가로선이 위쪽으로 치우침

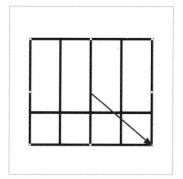

V : 가로선이 아래쪽으로 치우침

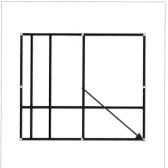

X : 세로선이 왼쪽으로 치우침

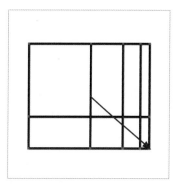

C : 세로선이 오른쪽으로 치우침

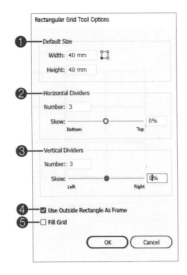

사각 그리드 툴을 더블 클릭하거나 아트보드를 클릭하면 옵션 창이 뜹니다.

❶ **Default Size**: 가로, 세로의 기본 크기와 시작점 위치를 설정합니다.

❷ **Horizontal Dividers**: 가로 분할선 개수와 기울기가 위아래로 치우치는 비율을 설정합니다.

❸ **Vertical Dividers**: 세로 분할선 개수와 기울기가 좌우로 치우치는 비율을 설정합니다.

❹ **Use Outside Rectangle As Frame**: 체크하면 프레임으로 외부 사각형을 사용하여 선택 툴로 선택 시 바깥 프레임 네모가 선택되고, 체크 해제하면 선택 툴로 선택 시 분리할 수 있습니다.

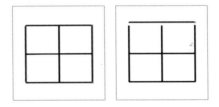

❺ **격자 채우기**: 체크하면 그리드 면에 색이 적용되는데 프레임 사용도 체크되어 있어야 합니다.

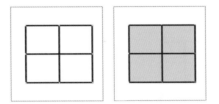

● 극좌표 그리드 툴[◉]로 극좌표 격자 그리기

클릭&드래그하면 극좌표가 만들어집니다. [Alt]를 누른 채 드래그하면 가운데를 중심으로 그려지고, [Shift]를 누른 채 드래그하면 정형으로 그릴 수 있습니다. 드래그하면서 위, 아래 방향키를 사용하여 칸을 조절할 수 있습니다.

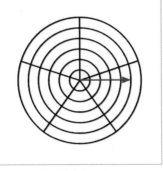

[↑]: 원 분할 개수 늘리기

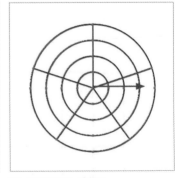

[↓]: 원 분할 개수 줄이기

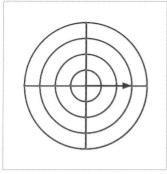

⬅ : 분할 개수 줄이기

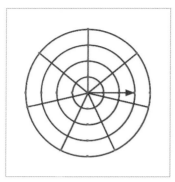

➡ : 분할 개수 늘리기

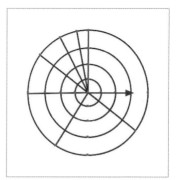

F : 가로선이 위쪽으로 치우침

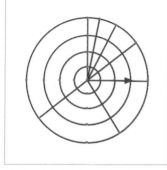

V : 가로선이 아래쪽으로 치우침

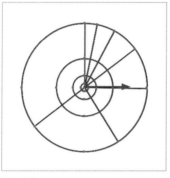

X : 원이 안쪽으로 치우침

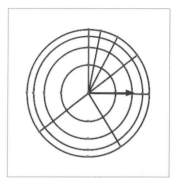

C : 원이 바깥쪽으로 치우침

1 · 기능 예제 · 극좌표 그리드 툴 활용하기

01 극좌표 그리드 툴(⬤)을 선택하고 클릭&드래그한 채 방향키 위쪽을 눌러 개수를 늘리거나 아래쪽을 눌러 개수를 줄이거나 하여 원 분할 개수를 3으로 합니다. 그런 다음 방향키의 오른쪽이나 왼쪽을 눌러 면 분할 개수를 8개로 합니다. 그 상태에서 키보드 C 를 눌러 원이 바깥쪽으로 치우치게 한 후 Shift 를 누른 채 드래그하여 정원이 되도록 그립니다.

❶ 극좌표 그리드 툴 선택

❷ 드래그+방향키

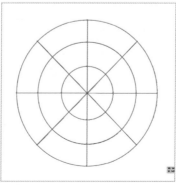

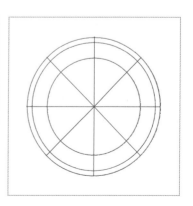

02 선택 툴(▶)로 선택하고 [Pathfinder] 패널에서 'Divide(▣)'를 눌러 분할합니다.

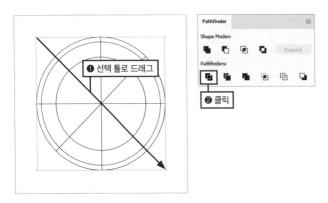

03 직접 선택 툴(▷)로 맨 가장자리에 있는 원들을 선택하여 지웁니다.

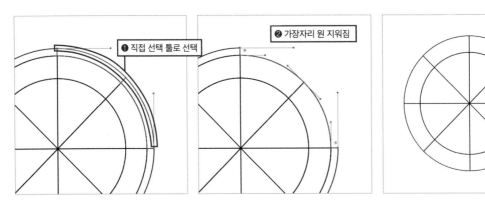

04 직접 선택 툴(▷)로 한 면씩 선택하여 원하는 색으로 각각 변경합니다.

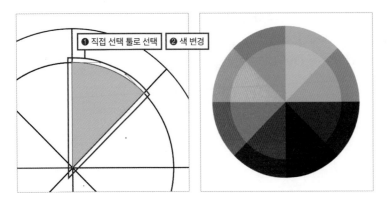

05 선택 툴(▶)로 전체를 선택하고 선 색을 흰색으로 변경합니다.

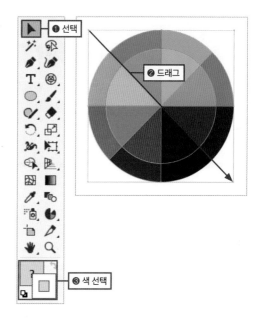

06 [Stroke] 패널에서 Weight를 8pt로 변경하고 원형 툴(◎)로 가운데 흰 원을 그려 넣어 마무리합니다.

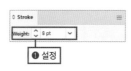

다양한 그래프

다양한 그래프 툴에 대해 알아보고 막대 그래프 그리는 방법, 그래프 색상 변경하는 방법, 그래프 형태를 변형하고 데이터를 수정하는 방법, 심벌로 그래프 만드는 방법 등을 배웁니다.

LESSON

일러스트레이터는 콘텐츠의 성격에 맞는 다양한 그래프를 쉽고 빠르게 그릴 수 있도록 9가지 그래프 툴을 제공합니다.

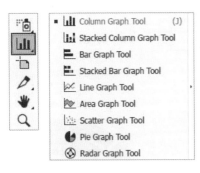
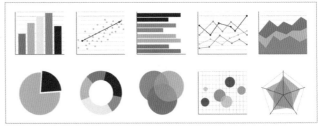

그래프 툴을 더블 클릭하면 그래프 설정을 변경할 수 있는 옵션 창이 뜹니다.

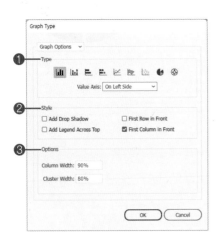

❶ **Type**: 9가지 종류의 그래프 중에서 선택할 수 있습니다.
  • Value Axis: 분류 값의 위치를 설정합니다.
❷ **Style**
  • Add Drop Shadow: 그림자 넣기를 할 수 있습니다.
  • First Row in Front: 막대 그래프 너비가 100%보다 클 때 1행의 막대를 맨 위에 배치합니다.
  • Add Legend Across Top: 체크하면 기호 설명을 그래프 상단에 가로로 표시하고 기본은 오른쪽에 수직으로 표시됩니다.
  • First Column in Front: 체크하면 1열의 막대를 맨 위에 배치합니다.
❸ **Options**
  • Column Width: 막대 너비를 설정합니다.
  • Cluster Width: 막대와 막대 간의 간격을 설정합니다.

● 막대 그래프 그리기

툴 패널에서 세로 막대 그래프 툴(📊)을 선택합니다. 클릭&드래그하면 수치를 넣을 수 있는 창이 뜹니다. A, B의 두 그룹으로 하여 수치를 기입하고 오른쪽 상단의 체크 아이콘(☑)을 클릭하면 막대 그래프가 생성됩니다.

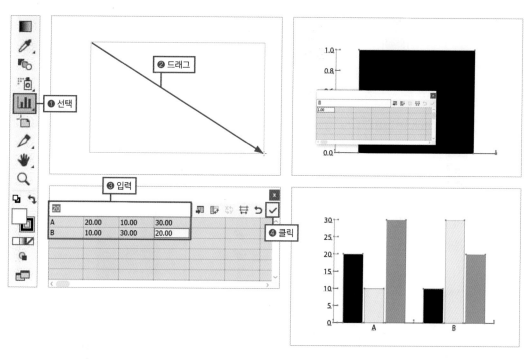

더 알·아·보·기

레전드 표시 방법

레전드를 표시하고 싶다면 1행에 넣으면 됩니다.

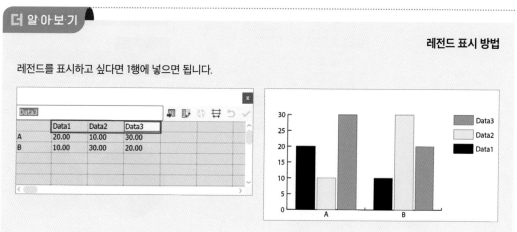

● 그래프 색상 변경하기

막대 그래프의 색을 바꿔보겠습니다. 직접 선택 툴(▷)로 바꾸고 싶은 막대를 선택한 후 색을 선택합니다. 나머지 막대들도 색을 바꿔줍니다.

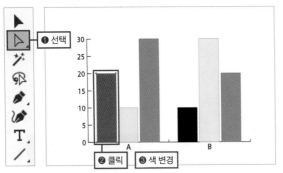
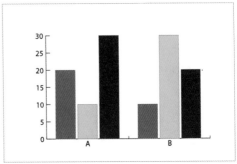

● 그래프 형태 변경하기

막대 그래프의 형태를 바꿔보겠습니다. 선택 툴(▶)로 그래프를 선택하면 [Graph Type] 대화상자가 뜹니다. Type에서 '가로형 막대 그래프(▤)'를 선택하고 [OK]를 클릭합니다.

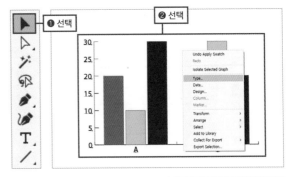

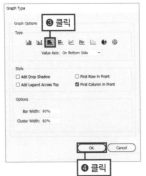

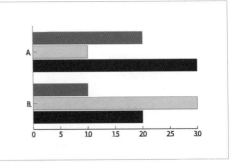

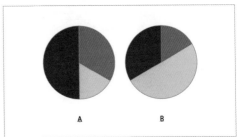

파이 그래프로 변경할 경우

● 그래프의 데이터 수정하기

그래프의 데이터를 수정하고 싶을 때는 선택 툴(▶)로 그래프를 선택하고 마우스 오른쪽 버튼을 클릭하면 나오는 메뉴에서 [Data]를 선택합니다.

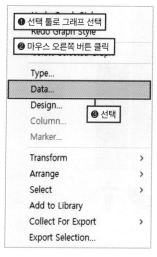

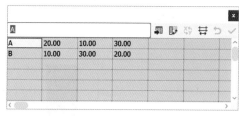

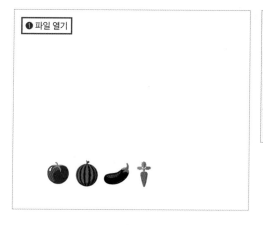

2 · 기능 예제 ·   **심벌로 그래프 만들기**

◎ **준비 파일**: chapter5/Graph1.ai

01 Graph1.ai 파일을 불러옵니다. 세로 막대 그래프 툴(▥)을 선택하고 아트보드에 클릭&드래그합니다.

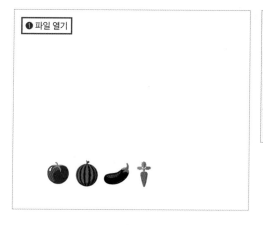

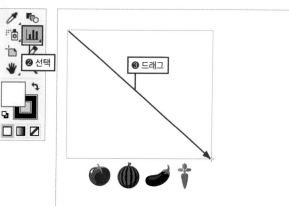

02 입력 창이 뜨면 이미지와 같이 항목들을 입력하고 Apply를 선택하여 완료한 후 ☒ 버튼을 클릭하여 닫습니다.

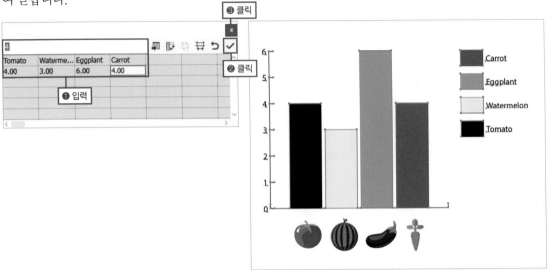

03 선택 툴(▶)로 토마토를 선택하고 [Object]-[Graph]-[Design] 메뉴를 선택합니다.

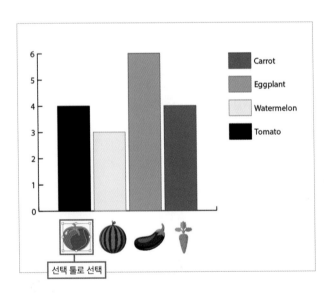

선택 툴로 선택

04 [Graph Design] 대화상자가 나타나면 'New Design'을 클릭하고 'Rename'을 클릭하여 'Tomato'라고 입력한 후 [OK]를 클릭합니다.

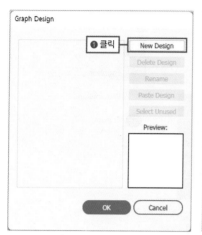
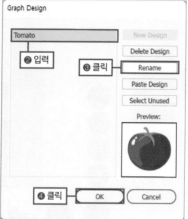

05 나머지 3개도 모두 등록합니다.

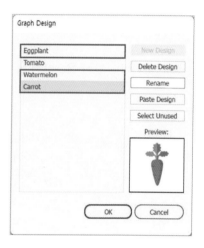

06 그룹 선택 툴(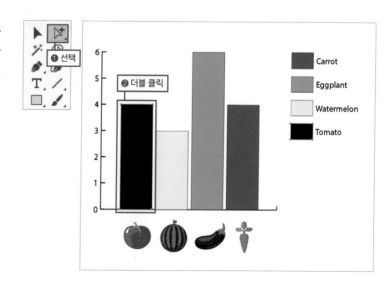)로 Tomato의 검은색 막대를 더블 클릭하면 레전드와 같이 선택됩니다.

07 [Object]-[Graph]-[Column] 메뉴를 선택합니다. [Graph Column] 대화상자가 나타나면 등록한 Tomato를 선택합니다. Column Type은 'Repeating'을 선택하고 [OK]를 클릭하여 완성합니다.

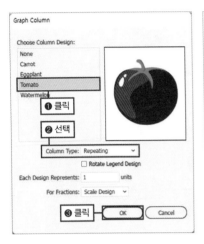 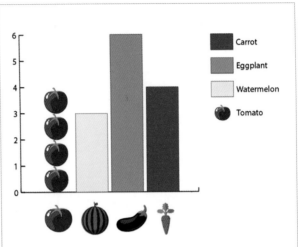

08 나머지도 같이 적용하여 완성합니다.

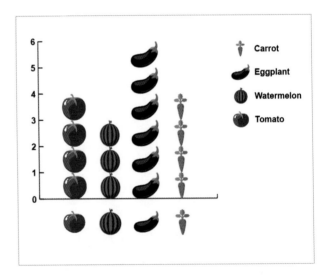

◎ **준비 파일**: chapter5/Pencil_graph.ai

01　Pencil_graph.ai 파일을 불러옵니다. 선택 툴(▶)을 선택하고 연필 하단에 있는 선을 선택합니다. [View]-[Guides]-[Make Guides] 메뉴를 선택하여 선을 가이드 선으로 만듭니다.

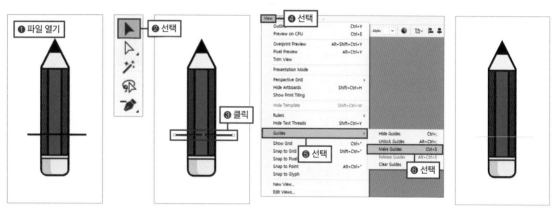

02　선택 툴(▶)로 연필을 전체 선택한 후 [Object]-[Graph]-[Design] 메뉴를 선택합니다. [Graph Design] 대화상자가 나타나면 'New Design'을 클릭하고 'Rename'을 클릭하여 'Pencil'이라고 입력한 후 [OK]를 클릭합니다.

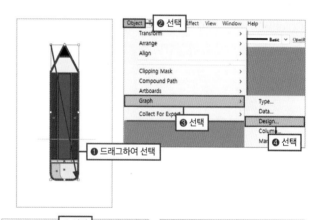

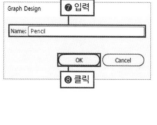

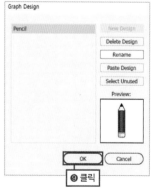

03 세로 막대 그래프 툴(📊)을 선택하여 막대 그래프를 그린 후 선택 툴(▶)로 막대 그래프를 선택합니다.

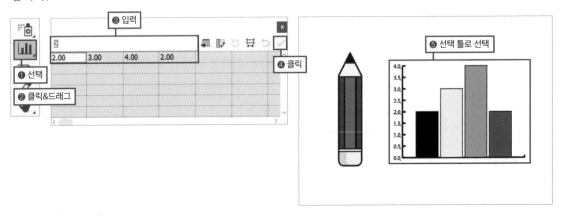

04 [Object]-[Graph]-[Column] 메뉴를 선택합니다. [Graph Column] 대화상자가 나타나면 등록한 Pencil 디자인을 선택합니다. Column Type은 'Sliding'을 선택하고 [OK]를 클릭하여 완성합니다.

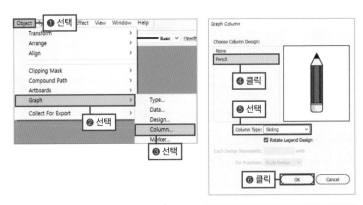

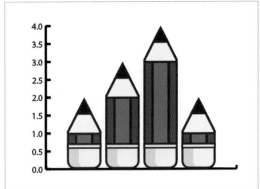

채색

단색, 그레이디언트로 채우기는 물론 메시, 블렌드, 패턴, 라이브 페인트로 칠하기 등
다양한 채색으로 완성도를 높일 수 있는 방법들을 학습합니다.

단색, 패널, 라이브 페인트로 칠하기

색상 모드를 정하고 색상 모드를 변경하는 방법에 대해 알아보고 단색으로 칠하는 방법과
Color Picker를 이용하여 칠하는 방법을 배웁니다. 라이브 페인트통 툴을 이용하여 칠하는 방
법과 리컬러 아트워크로 칠하는 방법도 알아봅니다.

◎ 준비 파일: chapter6/Smile.ai

● 색상 모드 정하기

일러스트레이터에서는 주로 인
쇄를 위한 작업을 많이 하기 때
문에 CMYK 모드로 작업하는
것이 좋습니다. 작업 창을 세팅
할 때 색상 모드에서 CMYK로
설정하면 됩니다.

● 색상 모드 변경하기

RGB 모드로 작업한 것을 CMYK 모드로 변경하려면 [File]-[Document Color Mode]-[CMYK
Color] 메뉴를 선택하여 변경하면 됩니다. CMYK 모드로 변경 시 채도가 살짝 떨어지는 것을 알 수
있습니다.

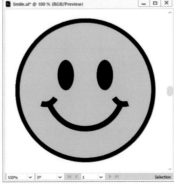

툴 패널에서 설정할 수 있는 면 색과 선 색에 대해 살펴보겠습니다.

● 색을 칠하는 다양한 방법

1) 단색 칠하기

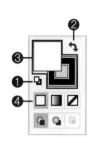

❶ **면 색, 선 색 초기화**: 면 색은 흰색, 선 색은 검은색, 선의 굵기는 1px로 초기화 됩니다.

❷ **면 색과 선 색 바꾸기(** Shift **+** X **)**: 면 색과 선 색을 서로 바꿉니다.

❸ **면 색과 선 색**: 면 색과 선 색입니다. 면 색이나 선 색을 더블 클릭하면 [Color Picker] 대화상자가 뜹니다. 여기서 원하는 색을 자유롭게 선택할 수 있습니다.

❹ 면 색과 선 색을 단색, 그레이디언트, 투명으로 바꿉니다.

더 알·아·보·기

Color Picker 대화상자

❶ **색상 선택 영역**: 채도와 명암에 따라 색이 분포되어 있고 원하는 색을 선택한 후 [OK]를 클릭하면 선택됩니다.

❷ **스펙트럼**: 색을 스펙트럼으로 나타낸 것으로 화살표를 드래그하거나 클릭하여 선택합니다.

❸ 선택한 색입니다.

❹ 원래 선택되어 있던 색입니다.

❺ **삼각형**: RGB로만 표현할 수 있는 색입니다.

❻ **네모**: CMYK에서만 표현할 수 있는 색입니다.

❼ 색상 모드별 색상값입니다.

❽ 선택한 색의 웹 컬러 코드입니다.

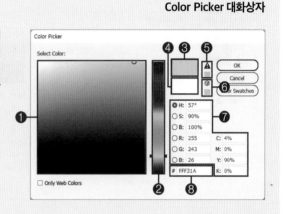

---

2) Color Picker로 칠하기

1. Smile.ai 파일을 불러옵니다. 선택 툴을 선택하고 면 색을 클릭합니다.

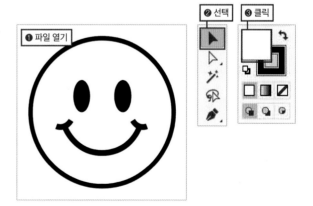

2. [Color Picker] 대화상자에서 색을 선택하고 [OK]를 클릭하면 색이 적용됩니다.

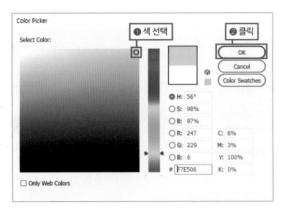 

3. 선 색을 선택합니다. 선 색을 선택하고 [OK]를 클릭하면 색이 적용됩니다.

 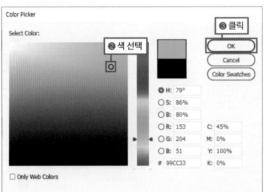 

4. 화살표를 클릭합니다. 면과 선의 색이 뒤바뀝니다.

 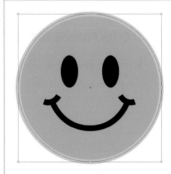

3) Color 패널로 칠하기

[Color] 패널에서 슬라이더를 드래그하거나 수치를 직접 입력하여 원하는 색을 지정할 수 있습니다.

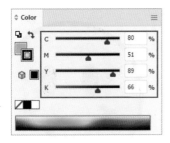
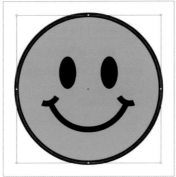

더 알·아·보·기

Color 패널

❶ **Color**: 현재 선택된 색, 스펙트럼, Color Mixer, [Swatches] 패널이나 [Color Mixer] 패널로 전환됩니다.

❷ 투명, 검정, 흰색으로 색을 설정합니다.

❸ **슬라이더 바**: 슬라이더를 움직이거나 수치를 기입하여 색을 설정합니다.

❹ **Grayscale**: 흰색, 회색, 검은색만 선택할 수 있습니다. 흰색부터 검은색까지 256단계로 나타냅니다.

❺ **RGB**: 빛의 3원색인 Red, Green, Blue를 사용하며 웹이나 영상 등을 위한 컬러 모드입니다.

❻ **HSB**: 색의 3요소인 Hue(색상), Saturation(채도), Brightness(명도)로 색을 만듭니다.

❼ **CMYK**: Cyan, Magenta, Yellow, Black을 사용하며 인쇄용 컬러 모드입니다.

❽ **Web Safe RGB**: 웹 안전 컬러 모드입니다.

❾ **Invert**: 슬라이더 값을 반대로 설정합니다.

❿ **Complement**: 보색을 만듭니다.

⓫ **Create New Swatch**: 선택한 색을 [Swatches] 패널에 등록합니다.

※ CMYK 모드에서 작업할 때는 소수점이 나오지 않게 색을 설정하는 것이 인쇄나 교정 시 효율적입니다.

4) Swatches 패널로 칠하기

1. Smile.ai 파일을 불러옵니다. [Swatches] 패널에서 면 색을 선택하여 색을 적용합니다.

 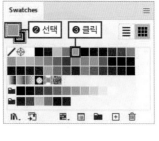 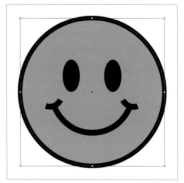

2. 상단 옵션 바에서도 색을 선택할 수 있습니다. 클릭하면 [Swatches] 패널이 나타나고 Shift 를 누른 채 클릭하면 [Color] 패널이 뜹니다.

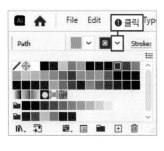 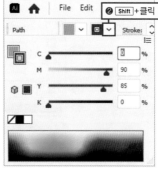 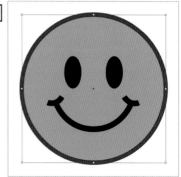

더 알·아·보·기

[Swatches] 패널은 자주 쓰는 색을 등록해 놓는 곳입니다. [Window]-[Swatches] 메뉴를 선택하거나 [Properties] 패널의 'Appearance'에서 면 색과 선 색 아이콘을 클릭하면 나타납니다. 오브젝트를 선택하고 [Swatches] 패널의 색을 클릭하면 바로 적용됩니다.

Swatches 패널

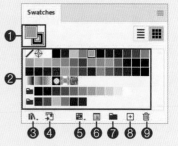

- ❶ 현재 선택된 색입니다.
- ❷ 등록된 색들입니다.
- ❸ [Swatches Libraries]를 불러옵니다.
- ❹ **라이브러리에 추가**: 선택한 색을 [Swatches Libraries] 패널에 추가합니다.
- ❺ **색 꺼내기/숨기기**: 원하는 색만 꺼내거나 숨길 수 있습니다.
- ❻ **색 수정하기**: 색을 선택하고 클릭하면 수정할 수 있습니다.
- ❼ **그룹 만들기**: 색상 그룹을 만들 수 있습니다.
- ❽ **새 색상 만들기**: 색을 등록합니다.
- ❾ **삭제하기**: 색을 선택한 후 휴지통을 클릭하면 삭제됩니다.

Swatches 패널에 색상 등록하기 1

⊞ 아이콘을 클릭합니다. 면 색 팝업 창에서 [OK]를 클릭하면 등록됩니다.

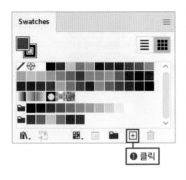 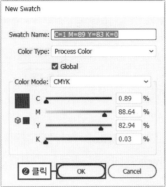 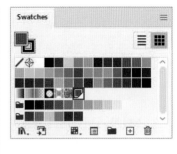

Swatches 패널에 색상 등록하기 2

툴 패널의 면 색을 [Swatches] 패널로 드래그하여 추
가합니다.

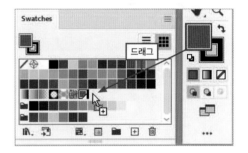

Swatches 패널에 색상 등록하기 3

[Color] 패널의 면 색을 [Swatches]
패널로 드래그하여 추가합니다.

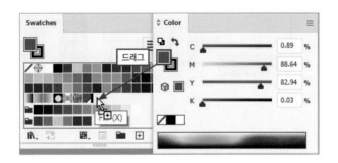

Swatches 패널에 색상 그룹 등록하기

1. 그룹으로 등록한 오브젝트
   들을 모두 선택하고 면 색과
   선 색이 물음표로 뜨면 그룹
   아이콘을 클릭합니다.

 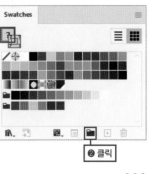

2. [New Color Group] 대화상자가
나타나면 설정하고 [OK]를 클릭
합니다. 오브젝트에 사용된 모
든 색이 그룹 세트로 등록된 것
을 알 수 있습니다.

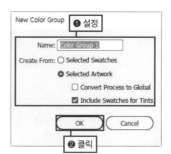 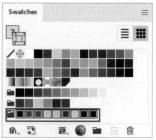

스와치 라이브러리 활용하기

[Swatches] 패널 하단의 [Swatch Libraries] 아이콘을 클릭하면 다양한 테마의 색상 견본들을 불러
올 수 있습니다. [Window]-[Swatch Libraries] 메뉴를 선택하여 불러와도 됩니다.

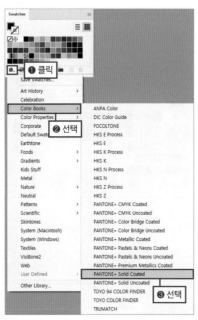 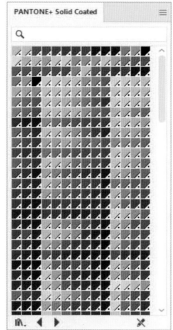

5) 라이브 페인트통 툴()로 칠하기

라이브 페인트통 툴을 사용하면 패스로 구분된 각각의 면을 칠할 수 있으며, 복잡한 오브젝트를 클
릭만으로도 간단하게 색칠할 수 있습니다.

· 기능 예제 · 　　　　　　　　　　　　　　　　　　　　　　라이브 페인트통 툴[]로 칠하기

◎ **준비 파일**: chapter6/Rabbit.png

01 　Ctrl+N을 눌러 새 아트보드를 만듭니다. [File]-[Place] 메뉴를 선택하여 Rabbit.png 파일을 불러옵니다. 아트보드에 클릭&드래그하여 이미지를 놓습니다.

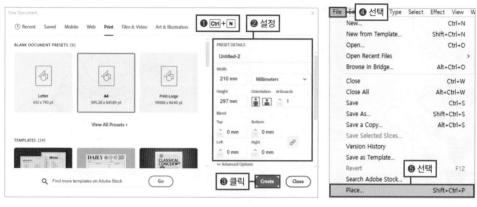

02 옵션 바에서 'Image Trace'를 선택하여 이미지 트레이스를 실행하면 [Image Trace] 패널로 바뀝니다. 'Expand'를 클릭하여 패스로 만듭니다. 메뉴 바에서 [Object]-[Live Paint]-[Make]를 선택하면 테두리 조절점의 모양이 바뀝니다.

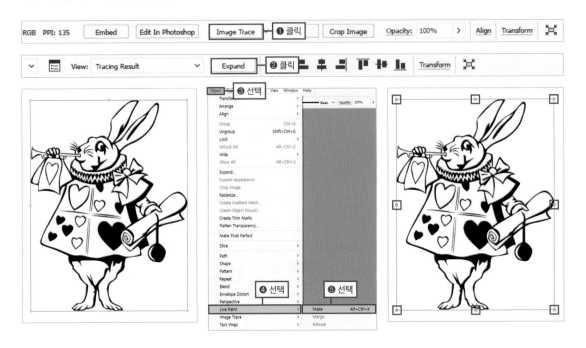

03 라이브 페인트통 툴(🪣)을 선택하고 면 색을 원하는 색으로 선택합니다. 라이브 페인트로 된 오브젝트는 라이브 페인트통 툴(🪣)을 가져가면 색칠할 영역의 선이 표시되고 클릭하면 색이 적용됩니다.

04 다른 면에도 면 색을 설정하고 라이브 페인트통 툴()을 가져가 클릭하여 칠합니다. 전체를 선택 툴(▶)로 선택하고 옵션 바에서 'Expand'를 클릭하면 원래의 일반 오브젝트로 바뀝니다.

Image Trace

이미지 트레이스는 jpg와 같은 비트맵 이미지를 벡터 이미지로 만듭니다. 비트맵 이미지를 불러와서 클릭하면 앞의 예제처럼 상단에 옵션 바가 뜨지만 [Properties] 패널의 'Quick Actions'에도 'Image Trace' 버튼이 생깁니다. 클릭하면 나오는 [Properties] 패널의 'Image Trace'에서 'Preset'의 풀다운 버튼을 클릭하면 다른 스타일로 변경할 수 있습니다.

❶ **Default**: 기본인 흑백 모드로 표현됩니다.

❷ **High Fidelity Photo**: 고해상도로 변환됩니다.

❸ **Low Fidelity Photo**: 저해상도로 변환됩니다.

❹ **3 Colors**: 선택한 이미지에서 가장 많이 사용된 3색으로 변환됩니다.

❺ **6 Colors**: 선택한 이미지에서 가장 많이 사용된 6색으로 변환됩니다.

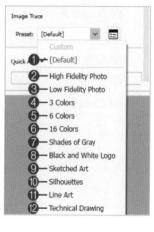

⑥ 16 Colors: 선택한 이미지에서 가장 많이 사용된 16색으로 변환됩니다.

⑦ Shades of Gray: 전체를 그레이 모드로 바꾸고 벡터로 변환됩니다.

⑧ Black and White Logo: 흑백 모드의 벡터로 변환됩니다.

⑨ Sketched Art: 스케치 스타일로 변환됩니다.

⑩ Silhouettes: 실루엣 형태로 변환됩니다.

⑪ Line Art: 명암을 선으로 변환합니다.

⑫ Technical Drawing: 디테일한 선으로 변환됩니다.

Image Trace 패널

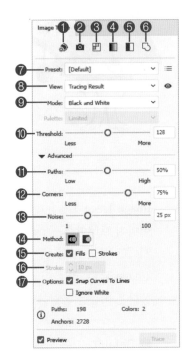

❶ 이미지에서 가장 많이 사용된 색으로 벡터화됩니다.

❷ 고해상도로 변환됩니다.

❸ 저해상도로 변환됩니다.

❹ 전체를 그레이 모드로 바꾸고 벡터로 변환됩니다.

❺ 흑백 모드로 표현됩니다.

❻ 이미지의 외곽선만 표현됩니다.

❼ Preset: 다른 스타일로 변경할 수 있습니다.

❽ View: 이미지의 미리보기 형식을 설정합니다. 결과를 보거나 원본을 볼 수 있습니다.

❾ Mode: 컬러 모드를 선택합니다.

❿ Threshold: 변화의 한계치를 설정합니다.

⓫ Paths: 변환될 이미지에서 패스의 양을 조절합니다.

⓬ Corners: 변화될 이미지에서 만들어질 모서리의 양을 조절합니다.

⓭ Noise: 노이즈를 조절합니다.

⓮ Method: Image Trace 방식을 선택합니다.

⓯ Create: 면 또는 선으로 변환됩니다.

⓰ Stroke: 선으로 변환 시 선의 굵기를 설정합니다.

⓱ Option

- **Snap Curves To Lines**: 곡선인 경우 선을 끊을지를 설정합니다.
- **Ignore White**: 이미지에서 흰색을 삭제할지를 설정합니다.

6) Recolor Artwork로 색 수정하기

Recolor Artwork로는 여러 개의 색을 한꺼번에 수정할 수 있습니다. [Properties] 패널의 'Quick Actions'에서 'Recolor'를 클릭하거나 [Edit]-[Edit Colors]-[Recolor Artwork] 메뉴를 선택하면 [Recolor Artwork] 대화상자가 나타납니다.

❶ 한 단계 전으로 되돌립니다.

❷ 취소한 것을 다시 한 단계 앞으로 돌립니다.

❸ **Reset**: 색을 수정하기 전 처음 상태로 되돌립니다.

❹ **Color Library**: [Swatch Libraries]에서 제공하는 색을 적용할 수 있습니다.

❺ **Colors**: 색의 수를 제한합니다.

❻ **Color Theme Picker**: 선택한 오브젝트에 다른 오브젝트의 색을 적용합니다.

❼ **All Colors**: 선택한 오브젝트의 색을 표시합니다.

❽ 색의 순서를 무작위로 수정합니다.

❾ 채도와 명암을 무작위로 수정합니다.

❿ 클릭하면 색상 원 안에 있는 색이 연결되어 같이 움직입니다.

⓫ **Prominent Colors**: 선택한 오브젝트의 색을 색상 바로 나타냅니다.

⓬ 클릭하면 색상 원에 밝기와 색상을 나타내고 슬라이더 바로 조절합니다.

⓭ 클릭하면 색상 원에 채도와 색상을 나타내고 슬라이더 바로 조절합니다.

⓮ 색상 원에 표시된 색들을 'Color Groups'에 저장합니다.

⓯ **Advanced Options**: 클릭하면 Assign과 Edit 중 선택하여 더 많은 옵션으로 색을 수정할 수 있습니다.

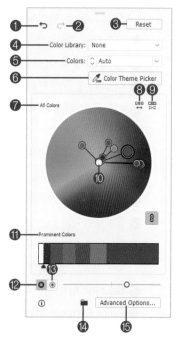

Assign

❶ 선택된 한 개의 색을 나타냅니다.

❷ 선택된 모든 색을 나타냅니다.

❸ **Reset**: 원래 배색으로 되돌립니다.

❹ 배색을 저장합니다.

❺ 배색을 'Color Groups'에 저장합니다.

❻ 배색을 삭제합니다.

❼ **Preset**: 색 목록을 어떻게 볼 것인지를 선택합니다.

❽ Recolor 옵션이 나타납니다.

❾ **Colors**: 색 수를 정합니다.

❿ 색을 두 개 이상 선택하고 클릭하면 하나로 합칩니다.

⓫ 목록에서 합친 색을 별도로 구분합니다.

⓬ 한 개의 열에 여러 가지 배색이 있을 경우 색을 따로 구분합니다.

⓭ 새로운 열을 만듭니다.

⓮ 랜덤으로 색을 배치합니다.

⓯ 랜덤으로 명도와 채도를 배치합니다.

⓰ 색을 선택하고 클릭하면 선택한 색이 적용된 오브젝트만 보입니다.

⓱ 색상, 채도, 명도로 색을 수정합니다.

⓲ 컬러 모드를 선택합니다.

⓳ [Swatch Libraries]를 불러옵니다.

⓴ **Open Advanced Recolor Artwork dialog on launch**: [Properties] 패널의 'Quick Actions'에서 'Recolor'를 클릭하면 [Recolor Artwork] 대화상자가 뜹니다.

㉑ **Recolor Art**: 체크하면 변경된 것을 미리 볼 수 있습니다.

㉒ **Color Groups**: 컬러 그룹을 저장, 편집합니다.

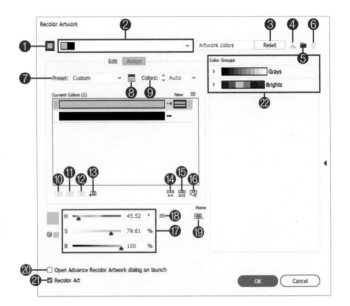

Edit

❶ 선택한 하나의 색을 나타냅니다.

❷ 선택한 모든 색을 나타냅니다.

❸ **Reset**: 원래 배색으로 되돌립니다.

❹ 배색을 저장합니다.

❺ 배색을 'Color Groups'에 저장합니다.

⑥ 배색을 삭제합니다.

⑦ 색상 원을 표시합니다.

⑧ 색상 원을 구역으로 나눠서 나타냅니다.

⑨ 색상 원을 막대 바로 나눠서 나타냅니다.

⑩ 명도를 조절합니다.

⑪ 색을 추가합니다.

⑫ 색을 삭제합니다.

⑬ 클릭하면 색상 원에 있는 색들이 연결되어 같이 수정됩니다.

⑭ **Open Advanced Recolor Artwork dialog on launch**: [Properties] 패널의 'Quick Actions'에서 'Recolor'를 클릭하면 [Recolor Artwork] 대화상자가 뜹니다.

⑮ **Recolor Art**: 체크하면 변경된 것을 미리 볼 수 있습니다.

⑯ **Color Groups**: 컬러 그룹을 저장, 편집합니다.

2 · 기능 예제 · Recolor Artwork로 칠하기

◎ **준비 파일**: chapter6/City.ai

01 City.ai 파일을 불러옵니다. 선택 툴(▶)로 오른쪽의 건물 일러스트를 선택합니다. [Edit]-[Edit Colors]-[Recolor Artwork] 메뉴를 선택합니다.

❷ 선택 툴로 선택

02 'Color Theme Picker'를 선택하고 이미지를 클릭합니다. 이미지의 색상이 일러스트에 적용된 것을 볼 수 있습니다.

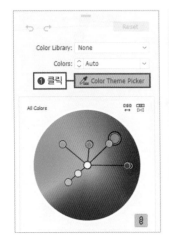  

03 [Recolor Artwork] 대화상자에서 슬라이더를 오른쪽으로 드래그하여 밝기를 조절합니다.

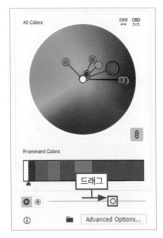 

그레이디언트

Gradient 패널을 이용하여 그레이디언트 색을 바꾸는 방법과 슬라이더를 이용하여 바꾸는
방법을 배우고 색상점을 추가하는 방법과 위치를 바꾸는 방법 등의 그레이디언트 적용에 관
한 내용을 살펴봅니다.

LESSON

◎ **준비 파일**: chapter6/Gradient.ai

그레이디언트는 색이 점진적으로 변하기 때문에 부
드러운 색의 변화를 주고 싶을 때 사용합니다.
[Gradient] 패널은 툴 패널에서 그레이디언트 툴을 더
블 클릭하거나 하단에 있는 그레이디언트를 클릭하
면 창이 뜹니다. [Window]-[Gradient] 메뉴를 선택해
도 됩니다.

그레이디언트를 취소하려면 그레이디언트가 적용된
패스를 선택하고 툴 패널 하단에 있는 색상 컬러를 선
택하거나 [Swatches] 패널에서 색상 칩을 선택합니다.

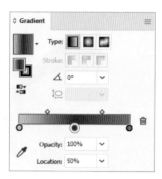

● Gradient 패널

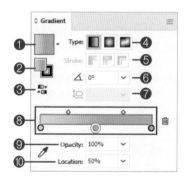

❶ 설정된 그레이디언트입니다.

❷ 그레이디언트를 면 또는 선에 적용할지를 선택합니다.

❸ 그레이디언트의 색상점을 반전시킵니다.

❹ **Type**: 선형, 원형, 자유형이 있습니다.

❺ 선의 그레이디언트 종류(선 안에, 선을 따라, 선에 걸쳐)를 선
택합니다.

❻ 그레이디언트의 각도를 조절합니다.

❼ 그레이디언트에서 가로, 세로 비율을 조절합니다.

❽ **슬라이더 바**: 색상점을 이용하여 그레이디언트의 색을 편집합
니다.

❾ **Opacity**: 색의 불투명도를 설정합니다.

❿ **Location**: 색상점의 위치를 설정합니다.

1) Gradient 패널의 슬라이더 바

• 슬라이더 바 아래를 클릭하면 색상점이 추가되고 색상점을 드래그하여 위치를 조절할 수 있습
니다.

- 색상점을 더블 클릭하면 [Color Mixer] 패널이 나타나는데 여기서 원하는 색을 선택할 수 있습니다.
- Alt 를 누른 채 이동하면 복제됩니다.
- 삭제하고 싶은 색상점은 밖으로 드래그하거나 휴지통을 클릭하면 됩니다.
- 색상 바 위의 마름모를 드래그하여 중간색의 위치를 조절합니다.

● 그레이디언트 적용하기

Gradient.ai 파일을 불러옵니다. 선택 툴로 원을 선택하고 면 색에 그레이디언트 아이콘을 클릭하여 그레이디언트를 적용합니다.

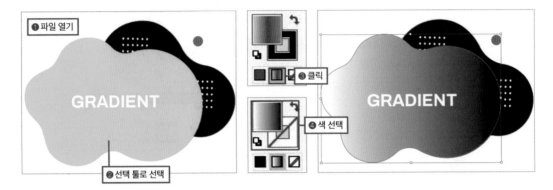

1) 그레이디언트 색 바꾸기 1

왼쪽 색상점을 더블 클릭하면 나오는 [Color] 패널이나 [Swatches] 패널에서 색을 선택할 수 있습니다. 컬러 모드를 변경하고 싶다면 오른쪽 상단의 목록 아이콘을 클릭하면 나오는 목록에서 변경할 수 있습니다.

[Color] 패널에서 색을 선택합니다. 오른쪽 색상점을 더블 클릭하고 이번에는 [Swatches] 패널에서 변경해 보겠습니다. Swatch 아이콘을 클릭하고 색을 선택합니다.

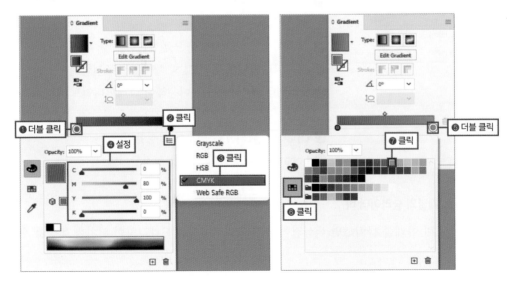

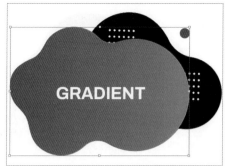

2) 그레이디언트 색 바꾸기 2

선택 툴로 오브젝트를 선택한 후 그레이디언트 툴을 클릭하면 패스 위에 슬라이더
바가 나타납니다. [Gradient] 패널에서 Reverse 아이콘을 클릭하면 그레이디언트를
반전시킬 수 있습니다.

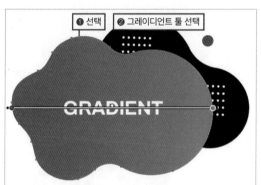

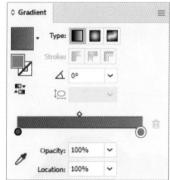

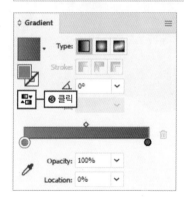

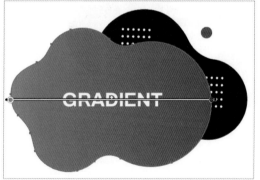

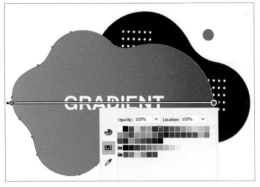
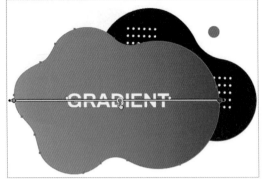

3) 색상점 추가하고 위치 옮기기

추가할 지점에 마우스를 가져가면 ⊞ 아이콘
이 나오는데 그 아이콘을 클릭하여 색상점을
추가합니다. 추가한 색상점을 더블 클릭하여
색상을 변경할 수 있습니다. 색상점을 드래그
하여 위치를 옮깁니다.

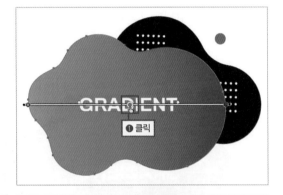

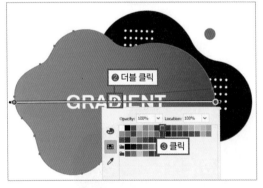
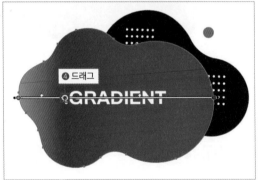

4) 그레이디언트 슬라이더 바 조절하기

오른쪽 점 외곽에 마우스를 가져가면 마우스 포인터가 변하는데 드래그하여 그레이디언트를 회전할 수 있습니다. 오른쪽 점은 그레이디언트의 길이를 조절합니다. 왼쪽 점은 그레이디언트의 위치를 바꿉니다.

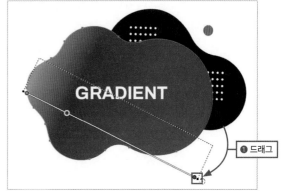

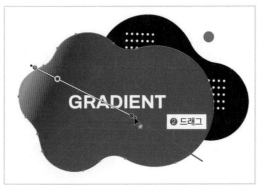

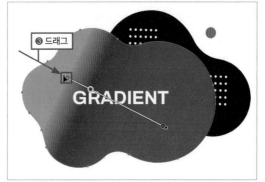

5) 원형 그레이디언트

1. 선형 그레이디언트가 적용된 오브젝트를 선택합니다.

2. [Gradient] 패널에서 원형을 선택하면 그레이디언트가 바뀝니다.

원형 그레이디언트 수정하기

1. 슬라이더 바를 클릭&드래그하여 위치를 옮길 수 있습니다.
2. 오른쪽 점 외곽에 마우스 커서를 드래그하여 그레이디언트를 회전시킵니다.
3. 오른쪽 점을 드래그하여 그레이디언트의 크기를 줄입니다.
4. 슬라이더 바 위의 마름모를 드래그하여 중간색 위치를 조절합니다.

6) 선 그레이디언트

Stroke의 위치 설정에 따라 각기 다른 형태를 나타냅니다.

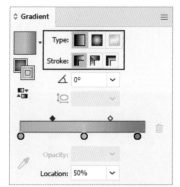
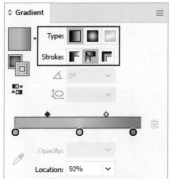
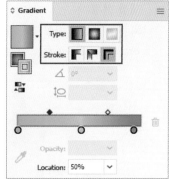

7) 자유형 그레이디언트

사각형 툴로 정사각형을 그립니다. [Gradient] 패
널에서 자유형 그레이디언트를 선택하고 Draw는
'Points'로 합니다.

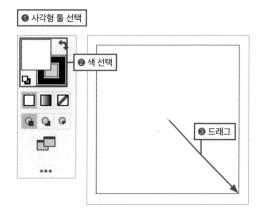

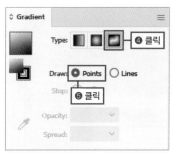

색상 변경

자유형 그레이디언트를 적용하면 색상점이 생깁니다. 이 색상점을 더블 클릭하면 색을 변경할 수 있습니다. 4개의 색을 모두 바꿔봅니다.

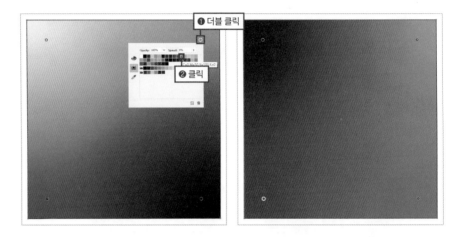

색상점 추가 및 삭제

색상점을 추가하고 싶은 부분을 클릭하면 색상점을 추가할 수 있습니다. 색상점을 삭제하고 싶을 경우에는 바깥쪽으로 드래그하면 됩니다. 자유롭게 여기저기 색을 추가해 봅니다.

위치 수정 및 범위 조절

각 점마다 드래그하여 위치를 바꾸거나 점선으로 된 원
형 조절점을 드래그하여 범위를 조절할 수 있습니다.

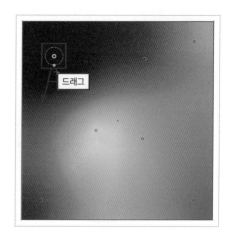

색상 선으로 변경

[Gradient] 패널에서 'Lines'을 선택하고 패스 위를 클릭합니다. 패스 위를 선택하면 색상점이 생기고
다음 점을 클릭하면 선으로 연결됩니다. 선을 다 그렸으면 Esc를 누르면 됩니다. 마찬가지로 색상 조
절점을 클릭하여 색을 자유롭게 넣고 마무리합니다.

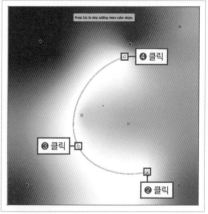

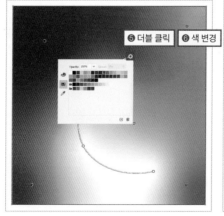

메시

Color 패널에서 색을 선택하고 적용하여 메시로 자연스러운 그레이디언트를 만드는 방법과
메시 메뉴를 살펴보고 메시로 화장품 병을 만드는 방법을 알아봅니다.

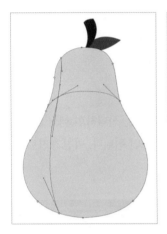

오브젝트를 그물처럼 분할하여 자연
스러운 그레이디언트를 만듭니다.
오브젝트를 클릭하면 클릭한 점을
기준으로 4등분됩니다. 색을 선택하
면 클릭한 지점부터 그레이디언트가
적용됩니다.

1 · 기능 예제 ·   메시로 자연스러운 그레이디언트 만들기

◎ **준비 파일**: chapter6/Mesh.ai

01   Mesh.ai 파일을 불러오고 메시 툴(▦)을 선택합니다. 왼쪽의 윗부분을 클릭합니다.

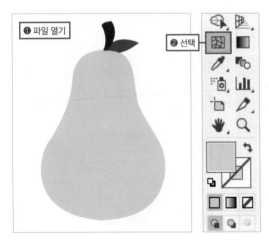

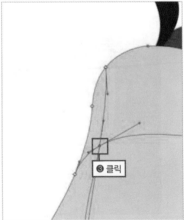

02 [Color] 패널에서 색을 선택하여 적용합니다.

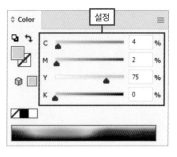

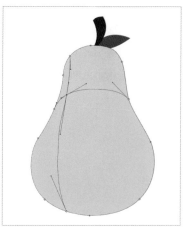

03 오른쪽 상단을 다시 클릭하여 세로선을 추가하고 [Color] 패널에서 색을 변경하여 그레이디언트를 적용합니다.

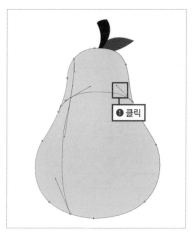

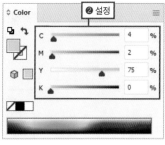

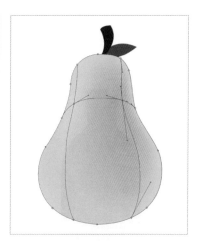

04 오른쪽 하단을 다시 클릭하면 가로선이 추가됩니다.

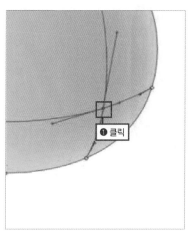

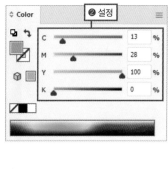

[Color] 패널에서 색을 변경하여 그레이디언트를 적용합니다. 필요하다면 직접 선택 툴(▷)로 기준점을 드래그하거나 방향 선을 조절하여 메시의 형태를 변형할 수 있습니다. 직접 선택 툴(▷)로 메시 위의 기준점을 선택하면 색이 바뀝니다.

● 메시 메뉴 살펴보기

◎ **준비 파일**: chapter6/Bottle.ai

1. Bottle.ai 파일을 불러온 후 메뉴 바에서 [Object]-[Create Gradient Mesh]를 선택합니다. [Create Gradient Mesh] 대화상자에서 행과 열의 개수, 모양, 하이라이트 정도를 설정하면 메시가 적용됩니다.

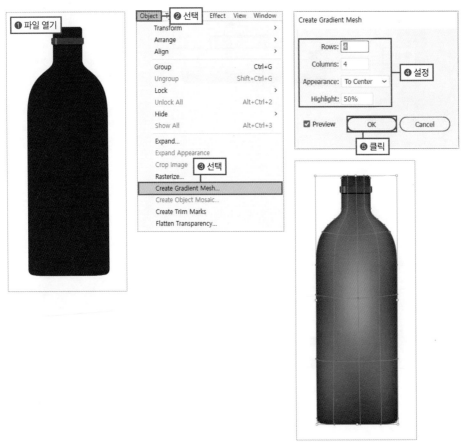

2. 그레이디언트의 모양에 따라 3가지 설정이 가능합니다.

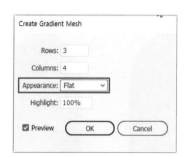 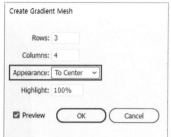 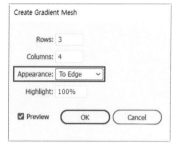

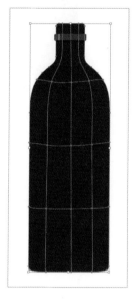  

3. 면에 그레이디언트가 적용되어 있는 상태
에서 그레이디언트 메시를 사용하면 흑백
으로 됩니다.

4. 선이 적용된 오브젝트에 그레이디언트 메시를 사용하면 선이 없어집니다.

2 · 기능 예제 · 　　　　　　　메시로 화장품 병 만들기

01 사각형 툴(□)을 선택하고 먼저 패키지의 뚜껑 부분이 될 사각형을 그립니다. 선택 툴(▶)을 선택하면 나타나는 위젯을 안쪽으로 살짝 드래그하여 둥근 사각형으로 만듭니다. 그런 다음 사각형을 그려 밑에 병의 목 부분을 만듭니다.

02 원하는 색(#02521)을 선택하고 직사각형을 그립니다. 직접 선택 툴(▷)로 위의 두 개의 모서리에 각각 기준점을 선택하고 위젯을 드래그하여 라운드 형태로 만듭니다. 아래의 두 개의 모서리도 각각 기준점을 선택하고 살짝만 드래그하여 라운드 형태로 만듭니다.

03 메시 툴(圖)을 선택하고 왼쪽 상단을 클릭합니다. 색을 기존의 색보다 밝은 색으로 변경합니다. 그 옆을 한 번 더 클릭하여 같은 색을 넣습니다. 좀 더 밝은 색으로 변경해도 좋습니다.

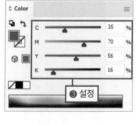

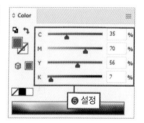

04 이번에는 가운데에서 오른쪽으로 한 번 더 클릭하여 어두운 색을 넣습니다. 그 옆을 한 번 더 클릭하고 자연스럽게 그레이디언트가 적용될 수 있도록 조금 밝게 조절합니다.

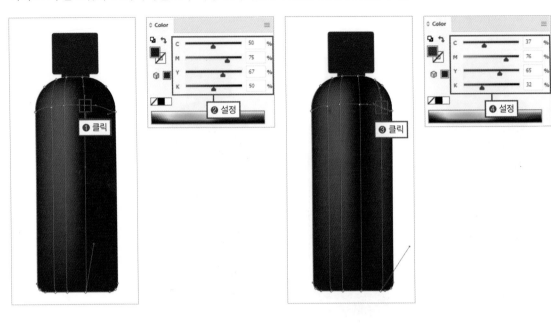

05 오른쪽을 한 번 더 클릭하여 같은 색을 적용하거나 살짝 더 어두운 색을 적용합니다. 4~5단계의 색을 설정하여 색을 적용하면 됩니다.

06 같은 방법으로 윗부분과 아랫부분에도 메시를 추가하여 색을 적용합니다.

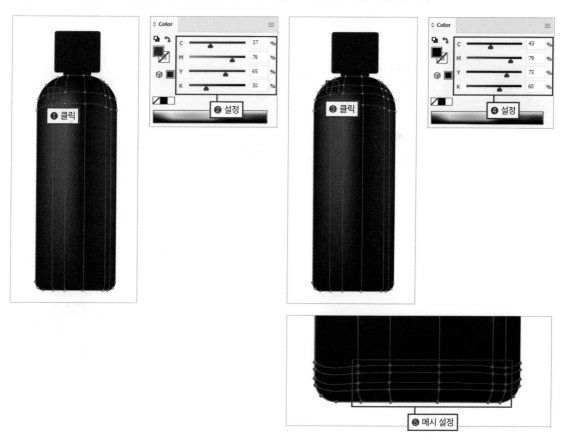

07 뚜껑 부분과 병의 목 부분은 그레이 톤으로 변화를 줘 몸통
에 적용한 방식과 마찬가지로 메시를 적용합니다.

08 아랫부분에 그림자를 넣어보겠습니다. 원형 툴(◯)로 타원을 그리고 그레이디언트를 원래의 형
태로 검정에서 진한 회색으로 적용합니다. 밖으로 적용되는 회색의 Opacity를 '0%'로 설정합니다.

 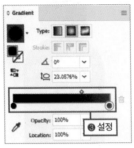 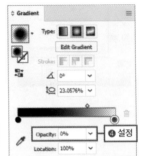 

09 자유롭게 문양이나 라벨을 넣어 마무리합니다.

블렌드

스무드 컬러, 스페시파이드 스텝스, 스페시파이드 디스턴스 등의 블렌드 툴에 대해 간단하게 살펴보고 부드러운 블렌드 적용 방법과 단계별 블렌드 적용 방법에 대해 알아봅니다.

L E S S O N

◎ **준비 파일**: chapter6/Tomato.ai, Orange.ai

블렌드 툴()은 두 개 이상의 오브젝트의 형태나 색상이 변하는 단계를 자연스럽게 이어주는 툴입니다.

❶ **Smooth Color**: 색의 매끄러운 정도를 자동으로 지정합니다.

❷ **Specified Steps**: 지정한 단계만큼 오브젝트가 만들어집니다.

❸ **Specified Distance**: 지정한 거리마다 오브젝트가 만들어집니다.

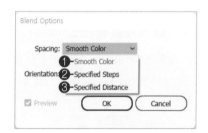

● 부드러운 블렌드 적용하기

1. Tomato.ai 파일을 불러옵니다. 블렌드 툴을 더블 클릭하여 [Blend Options] 대화상자에서 'Smooth Color'를 선택한 후 [OK]를 클릭합니다.

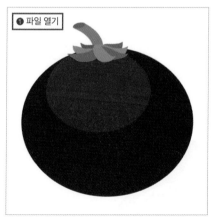

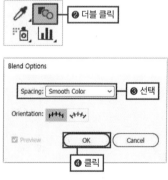

2. 이미지의 두 지점을 순차적으로 클릭하여 부드러운 블렌드를 적용합니다.

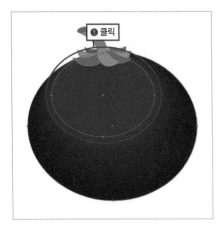
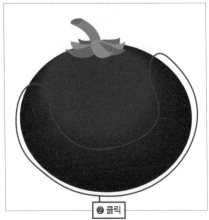

● 단계별 블렌드 적용하기

1. Orange.ai 파일을 불러옵니다. 블렌드 툴을 더블 클릭하여 [Blend Options] 대화상자에서 'Specified Steps'를 2로 선택한 후 [OK]를 클릭합니다.

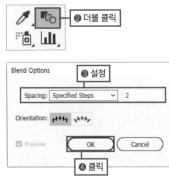

2. 이미지의 두 지점을 순차적으로 클릭하여 부드러운 블렌드를 적용합니다.

패턴

패턴으로 오브젝트를 칠하는 방법, 패턴을 회전시키는 방법, 패턴 스케일을 조절하는 방법, 패턴 위치를 이동시키는 방법, 패턴을 만들고 등록하는 방법, 반복 패턴을 만드는 방법, 반복 패턴을 등록하는 방법 등에 대해 알아봅니다.

LESSON

◎ **준비 파일**: chapter6/Box.ai, Pattern2.ai

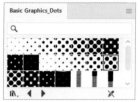

일러스트레이터에서 제공하는 다양한 패턴을 적용하고 수정하는 방법 등에 대해 살펴보겠습니다.

● 패턴으로 칠하기

Box.ai 파일을 불러옵니다. 선택 툴로 박스의 흰 면을 선택하고 면 색을 선택합니다. [Swatches] 패널 하단의 아이콘을 클릭하여 [Patterns]-[Decorative]-[Decorative Legacy] 메뉴를 선택하여 패턴 창을 엽니다.

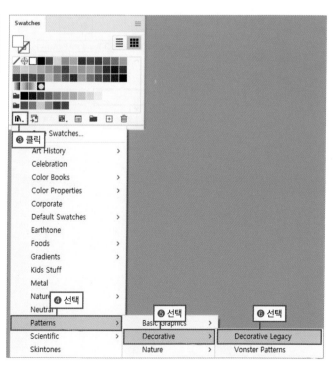

원하는 패턴을 선택하면 박스에 적용됩니다. [Swatches] 패널에 선택한 패턴이 등록된 것을 알 수 있습니다.

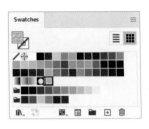

● 패턴 회전하기

패턴을 회전시켜 보겠습니다. 선택 툴로 패턴이 적용된 면을 선택하고 툴 패널의 회전 툴을 더블 클릭합니다. [Rotate] 대화상자가 나타나면 원하는 각도를 입력하고 Transform Pattern에 체크한 후 [OK]를 클릭합니다.

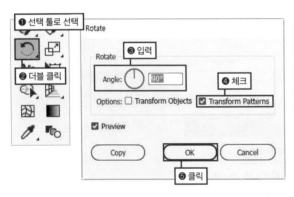

● 패턴 스케일 조절하기

패턴의 크기를 조절해 보겠습니다. 선택 툴로 패턴이 적용된 면을 선택하고 툴 패널의 스케일 툴을 더블 클릭합니다. [Scale] 대화상자가 나타나면 크기를 '200%'로 설정하고 Transform Pattern에 체크한 후 [OK]를 클릭합니다. 적용된 패턴이 2배가 된 것을 볼 수 있습니다.

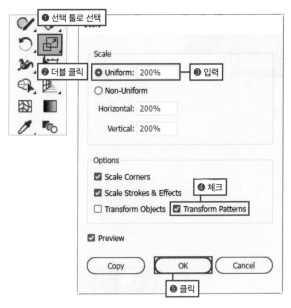

● 패턴 위치 이동하기

패턴의 내부 위치를 이동해 보겠습니다. 물결 모양 키(∼)를 누른 채 직접 선택 툴로 드래그하면 패턴이 적용된 영역 안에서 패턴의 위치를 이동할 수 있습니다.

● 패턴 만들고 등록하기

1. 도형 툴로 간단하게 오브젝트를 만듭니다. [Swatches] 패널로 드래그하여 패턴으로 등록합니다.

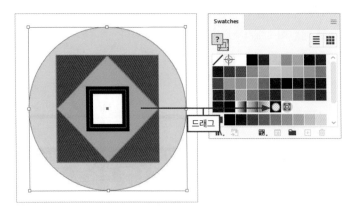

2. 사각형 툴로 면을 그립니다. 패턴을 적용할 면을 선택하고 [Swatches] 패널에 등록한 패턴을 선택하면 패턴이 적용됩니다.

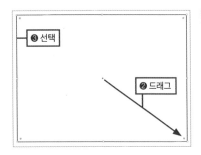
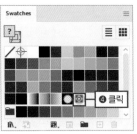
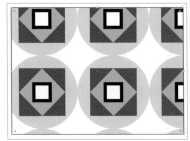

3. 스케일 툴을 선택합니다. ⎓+Shift+스케일 툴 아이콘을 클릭하여 크기를 줄입니다.

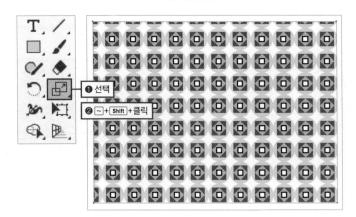

● 반복 패턴 만들기

Pattern2.ai 파일을 불러온 후 [Object]-[Pattern]-[Make] 메뉴를 선택합니다. 팝업 창이 뜨면 'Done'
을 클릭합니다.

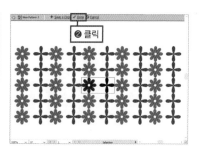

더 알·아·보·기

Pattern Options 패널

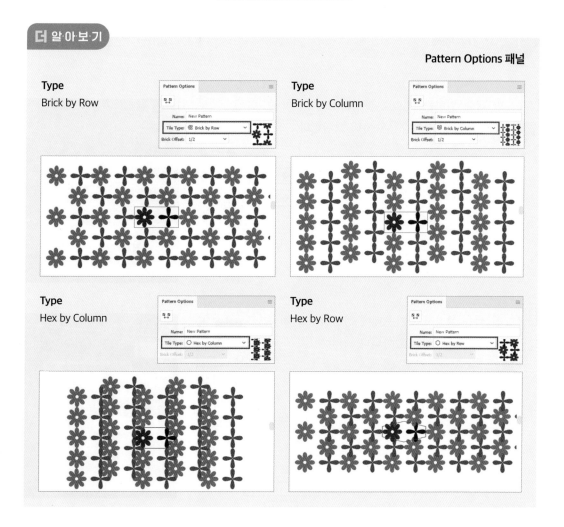

Type
Brick by Row

Type
Brick by Column

Type
Hex by Column

Type
Hex by Row

● 반복 패턴 등록하기

선택 툴로 패턴을 선택합니다. 크기를 줄이고 방향을 돌립니다. 'Done'을 클릭하면 [Swatches] 패널에 등록됩니다. 패턴을 적용할 면을 선택하고 [Swatches] 패널에 등록한 패턴을 선택하면 패턴이 적용됩니다.

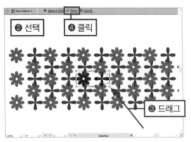

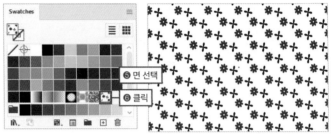

---

1 · 기능 예제 ·   패턴 만들고 적용하기

01   면 색을 원하는 색으로 설정하고 사각형 툴 (□)로 20×20cm의 정사각형을 하나 그립니다.

02   선 색을 설정하고 가운데에 정사각형을 하나 그립니다. 선 두께는 10pt로 합니다.

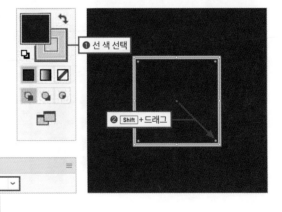

03 [Swatches] 패널 하단의 [Swatch Libraries] 아이콘(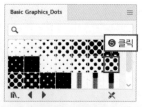)을 클릭하고 [Patterns]-[Basic Graphics]-
[Basic Graphics_Dots] 메뉴를 선택합니다. 6dpi 50% 패턴을 선택하고 원형 툴(◉)로 원을 그립니다.

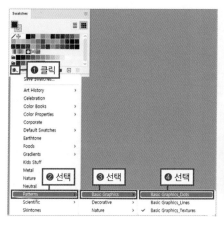

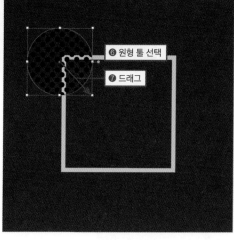

04 패턴 색을 바꿔보겠습니다. [Object]-[Pattern]-[Edit Pattern] 메뉴를 선택합니다. 패턴을 선택한
후 색을 원하는 색으로 변경합니다.

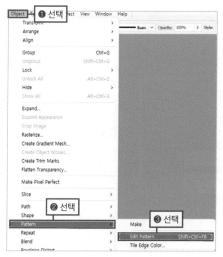

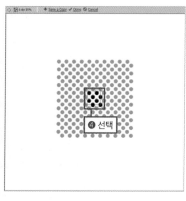

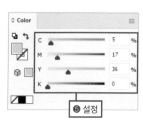

05 왼쪽 상단의 화살표를 클릭하여 이전 화면으로 돌아갑니다. 적용된 패턴 색이 변경된 것을 알 수 있습니다. [Basic Graphics_Dots]의 다른 패턴들을 활용하여 크기와 색을 변경하여 몇 개 더 그려 봅니다.

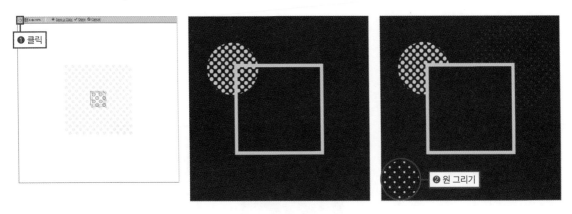

06 이번에는 [Swatches] 패널 하단의 [Swatch Libraries] 아이콘(📖.)을 클릭하고 [Patterns]-[Basic Graphics]-[Basic Graphics_Lines] 메뉴를 선택합니다. 6lpi 40%를 선택하고 원을 그립니다. 마찬가지로 패턴 편집을 사용하여 원하는 색으로 변경합니다.

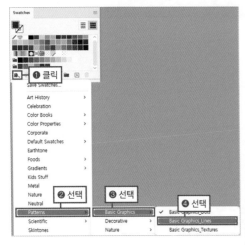

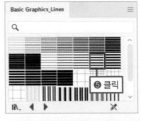

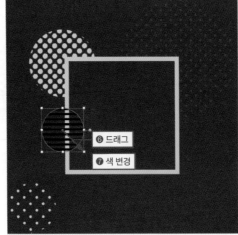

07 적용된 패턴을 회전시켜 보겠습니다. 선택 툴(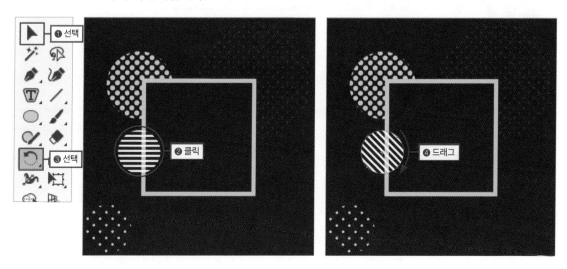)로 회전할 오브젝트를 선택하고 회전 툴(▢)을 선택한 후 드래그하여 회전시킵니다.

08 다른 패턴들을 사용하여 몇 개 더 그려 넣은 후 도형 툴들로 작은 도형들을 여기저기 넣어봅니다. 가운데에 텍스트를 넣어 마무리합니다.

클리핑 마스크와 투명도

마스크 효과를 내는 클리핑 마스크와 레이어 혼합모드, 불투명도를 조절할 수 있는
Transparency 패널에 대해 학습합니다.

◎ **준비 파일**: chapter6/clipping.ai

● 클리핑 마스크

클리핑 마스크는 여러 개의 오브젝트들 중 가장 위에 있는 오브젝트의 영역 안에 있는 것들만 보이
게 하는 마스크 효과를 적용하여 다른 오브젝트들의 일부를 가리는 기능입니다.

두 개 이상의 오브젝트를 선택하고 마우스 오른쪽 버튼을 클릭하면 나오는 메뉴에서 [Make
Clipping Mask]를 선택합니다. 맨 위에 있는 오브젝트가 마스크 영역이 되고, 그 밑에 있는 오브젝
트들은 마스크 영역에만 나타납니다.

[Object]-[Clipping Mask]-[Make] 메뉴를 선택해도 됩니다.

해제는 [Object]-[Clipping Mask]-[Release] 메뉴를 선택하거나 마우스 오른쪽 버튼을 클릭하면 나
오는 메뉴에서 [Release Clipping Mask]를 선택해도 됩니다.

◎ **준비 파일**: chapter6/Easter.ai

01 　Easter.ai 파일을 불러옵니다. 클리핑 마스크를 적용하기 전에 반드시 마스크를 씌울 오브젝트가 맨 위에 있는지를 확인해야 합니다.

02 　전체를 선택하기 위해 오브젝트가 다 보이도록 작업 창을 넓힙니다. 선택 툴로 전체를 드래그하여 선택합니다.

03 　마우스 오른쪽 버튼을 클릭하면 나오는 메뉴에서 [Make Clipping Mask]를 선택합니다.

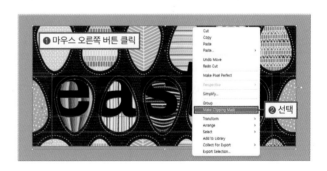

04 　맨 위에 있는 오브젝트인 easter의 글씨 영역이 마스크 영역이 되고, 그 밑에 있는 오브젝트들은 마스크 영역에만 나타납니다.

● Transparency 패널

[Transparency] 패널은 포토샵의 레이어 모드에서 적용하는 혼합 모드를 일러스트레이터에서도 적용할 수 있게 합니다. 두 개 이상의 오브젝트를 합성할 수 있고, 마스크 효과도 적용할 수 있습니다.

❶ **혼합 모드**: 혼합 모드를 선택합니다.
  ⓐ Normal: 혼합 모드가 적용되지 않은 기본 상태입니다.
  ⓑ Darken: 어둡게 겹쳐집니다.
  ⓒ Multiply: 기본 색상과 혼합 색상을 곱합니다.
  ⓓ Color Burn: 대비를 증가시켜 기본 색상을 어둡게 하여 혼합 색상을 반영합니다.
  ⓔ Lighten: 겹친 부분이 밝아집니다.
  ⓕ Screen: 밝은 부분이 더 밝아집니다.
  ⓖ Color Dodge: 각 채널의 색상 정보를 보고 대비를 감소시켜 기본 색상을 밝게 하여 혼합 색상을 반영합니다.
  ⓗ Overlay: 밝은 색은 더 밝게, 어두운 색은 더 어둡게 됩니다.
  ⓘ Soft Light: 위쪽에 겹쳐진 오브젝트의 명도가 50% 이상이면 밝게 합성되고, 이하이면 어둡게 합성됩니다.
  ⓙ Hard Light: 혼합 색상에 따라 색상을 곱하거나 스크린합니다.
  ⓚ Difference: 보색으로 겹쳐지며 검은색의 경우는 변화가 없습니다.
  ⓛ Exclusion: Difference 모드와 비슷하지만 대비가 더 낮은 효과를 냅니다.
  ⓜ Hue: 겹친 부분의 색상, 명도, 채도가 중간으로 합성됩니다.
  ⓝ Saturation: 겹친 부분의 채도만 합성됩니다.
  ⓞ Color: 겹친 부분의 색만 합성됩니다.
  ⓟ Luminosity: 겹친 부분의 채도와 명도만 합성됩니다.

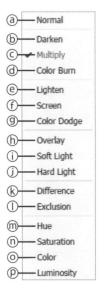

❷ **Opacity**: 불투명도를 조절합니다.
❸ 선택한 오브젝트의 미리보기입니다.
❹ 적용 중인 마스크를 표시합니다.
❺ **Make Mask**: 마스크를 적용합니다.
❻ **Clip**: 체크하면 오브젝트와 마스크가 같이 움직이고, 체크 해제하면 각각 움직일 수 있습니다.
❼ **Invert Mask**: 마스크 적용 영역을 반전시킵니다.

◎ **준비 파일**: chapter6/Running.ai

01 Running.ai 파일을 불러옵니다. 선택 툴(▶)로 두 번째 핑크 여자 실루엣을 선택합니다.

02 [Transparency] 패널에서 Multiply를 클릭하고, Opacity는 90%로 설정합니다.

03 세 번째 오렌지색 실루엣을 선택하고 Multiply로 변경합니다.

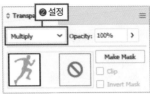

문자 입력과 편집

단순히 내용을 전달하는 것이 아닌 디자인의 일부이자 전체로서 주요할 역할을 하고
있는 문자 입력과 편집에 필요한 기본 및 핵심 기능들을 다양한 예제를 통해 학습합
니다.

문자 입력하고 편집하기

텍스트 툴로 입력하는 방법과 텍스트 툴로 클릭&드래그하여 입력하는 방법에 대해 알아봅니다. 닫힌 패스에 입력하는 방법, 열린 패스에 입력하는 방법, 패스 위 텍스트의 방향을 바꾸는 방법, 한자 및 특수문자를 입력하는 방법 등에 대해 배웁니다.

LESSON

◎ **준비 파일**: chapter7/Text.ai, Text2.ai, Text3.ai

● 텍스트 툴로 입력하기

1. 텍스트 툴을 선택하고 아트보드 위를 클릭합니다.

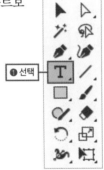 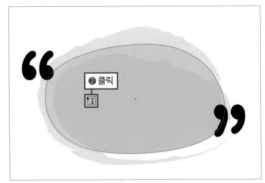

2. 샘플 텍스트가 나타납니다.

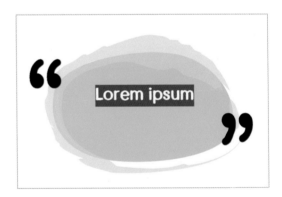

3. 텍스트를 입력한 후 끝내려면 Ctrl을 누른 채 아트보드의 빈 곳을 클릭하거나 툴 패널에서 다른 툴을 선택하면 됩니다.

● 텍스트 툴로 클릭&드래그하여 입력하기

1. 텍스트 툴을 선택하고 아트보드 위를 클릭&드래그하여 텍스트 박스를 만듭니다.

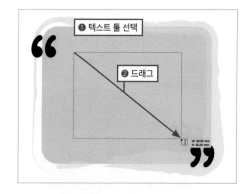

2. 샘플 텍스트가 나타납니다.

3. 텍스트를 입력하면 박스 안으로만 텍스트가 입력됩니다.

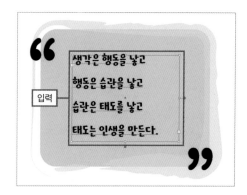

4. 입력한 후 끝내려면 Ctrl을 누른 채 아트보드의 빈 곳을 클릭하거나 툴 패널에서 다른 툴을 선택하면 됩니다.

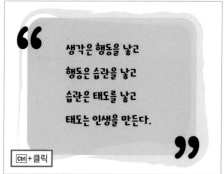

● 닫힌 패스에 입력하기

1. 원형 툴로 타원을 하나 그린 후 영역 텍스트 툴을 선택합니다. 닫힌 패스로 된 오브젝트에 텍스트 툴을 가져가면 커서 모양이 바뀝니다

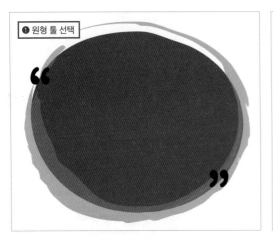
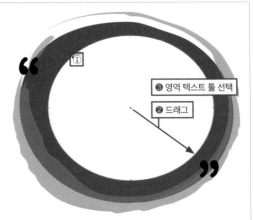

2. 클릭하면 오브젝트가 텍스트 영역의 패스로 바뀝니다. 텍스트를 입력하면 오브젝트 안에만 텍스트가 입력됩니다.

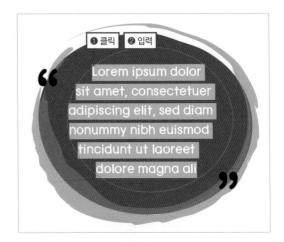

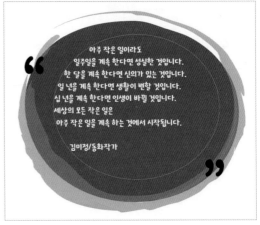

● 열린 패스에 입력하기

1. 펜 툴로 패스를 그립니다. 텍스트 툴을 패스에 가져가면 커서 모양이 바뀌는데 클릭하여 텍스트를 입력하면 패스 형태를 따라 텍스트가 입력됩니다.

2. 직접 선택 툴을 선택하면 처음, 가운데, 끝 부분에 세로선이 나타납니다. 이것은 텍스트의 시작, 중간, 끝 부분을 나타냅니다. 시작 부분에 마우스를 가져가서 모양이 바뀌었을 때 오른쪽으로 드래그하면 텍스트가 뒤로 밀립니다.

● 패스 위 텍스트 방향 바꾸기

[Type]-[Type on a Path]-[Type on a Path Options] 메뉴를 선택하면 옵션 창이 열립니다. 패스를 기준으로 문자의 방향을 바꿀 수 있습니다.

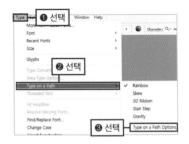

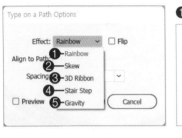

❶ **Rainbow**

❷ **Skew**

❸ **3D Ribbon**

❹ **Stair Step**

❺ **Gravity**

[Type]-[Type on a Path]-[Type on a Path Options] 메뉴의 정렬 옵션에 따른 텍스트의 위치는 다음과 같습니다.

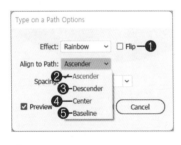

❶ **Flip**

❷ **Ascender**

❸ **Descender**

❹ **Center**

❺ **Baseline**

● 폰트 및 크기 조절하기, 최근 사용 폰트 선택하기

1. 텍스트 툴로 텍스트 영역을 드래그
   하여 블록을 설정한 후 [Character]
   패널에서 폰트와 크기를 변경합니
   다.

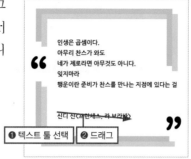

2. 텍스트 블록을 설정한 후 마우스 오른쪽 버튼을 클릭하면
   [Recent Fonts]에 최근 사용한 폰트가 나타납니다. 거기서 원
   하는 폰트를 선택할 수 있습니다.

3. 텍스트 툴로 더블 클릭하
   면 한 어절이 선택되고, 한
   번 더 클릭하면 한 줄이 선
   택됩니다.

4. 텍스트의 ⊞ 표시는 그 뒤에 가려진 텍스트가 있다는 표시이
   므로 박스 크기를 조절하면 됩니다.

● 행간, 자간, 장평 조절하기

[Character] 패널에서 행간, 자간, 장평을 조절할 수 있습니다.

행간 12pt

행간 36pt

글자와 글자 사이 간격: 자간 -100/0/100

한 글자의 가로폭: 장평 90%, 100%, 110%

● 일부 자간 조절하기

1. 자간 중 특정 문자 사이의 자간만 조절하고 싶을 때는 조절하고 싶은 지점을 텍스트 툴로 클릭하여 조절합니다.

텍스트 툴로 클릭

2. [Character] 패널에서 자간을 입력하고 Enter 를 누릅니다.

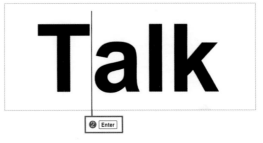

● 한자 및 특수문자 입력하기

1. 텍스트를 입력한 후 바로 키보드의 [한자]를 누릅니다. 한자 선택 창이 나타나면 원하는 한자를 클릭하여 한자로 변환합니다.

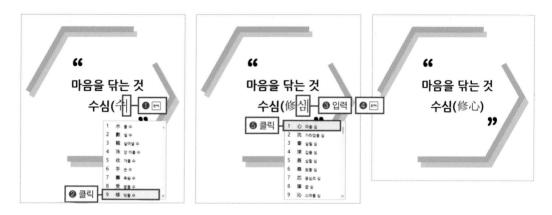

2. 자음 'ㅁ'을 입력하면 특수문자 창이 나타납니다. 원하는 특수문자를 선택합니다

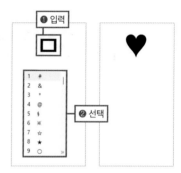

● 터치 타입 툴

[Character] 패널의 오른쪽 상단의 터치 타입 툴을 선택합니다. [Character] 패널에서 아이콘을 클릭하면 커서 모양이 바뀝니다. 텍스트 하나에 클릭하면 그 텍스트에만 테두리 상자가 나타나서 텍스트를 수정할 수 있습니다.

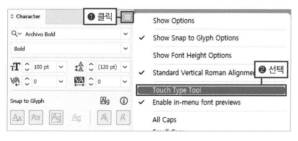

P만 클릭하면 테두리 상자가 나타납니다.　스케일을 조절합니다.　회전을 시킵니다.

● 텍스트를 일반 오브젝트로 만들기-아웃 라인 처리하기

[Type]-[Create Outlines] 메뉴를 선택합니다. Ctrl + Shift + O 를 누르면 텍스트는 텍스트 속성이 아닌 일반 오브젝트가 됩니다. 따라서 텍스트 툴로 편집할 수 없고 패스로 된 일반 오브젝트가 됩니다.

일반 오브젝트입니다.　오브젝트를 직접 선택 툴로 선택하면 패스　패스의 일부를 수정할 수 있습니다.
가 나타납니다.

● Character 패널

[Window]-[Type]-[Character] 메뉴를 선택하면 [Character] 패널이 뜹니다.

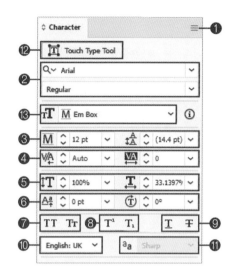

1 더 보기: 클릭하면 더 많은 옵션이 나옵니다.

- **폰트 리스트**: 폰트 목록이 나옵니다.
- 내 컴퓨터에 설치된 폰트입니다.
- 어도비에서 제공하는 폰트입니다.
- 폰트를 종류별로 정렬합니다.
- 즐겨찾기 한 폰트입니다.
- 최근에 추가한 폰트입니다.
- 동기화된 어도비 폰트입니다.
- 폰트를 샘플 텍스트로 미리보기 할 수 있습니다.
- 폰트 목록에 나타난 샘플 텍스트 크기를 조절합니다.
- 클릭하면 비슷한 모양의 폰트가 나타납니다.
- 클릭하면 즐겨찾기로 추가됩니다.

2 폰트 스타일: Normal, Italic, Bold 등

3 폰트 크기/행간

4 한 글자 자간/자간

5 높이/너비

6 기준선 옮기기/회전

7 대문자 변환/작은 대소문자 변환

8 위 첨자/아래 첨자

9 밑줄 넣기/가운데 선 긋기

10 언어 선택/외곽선 값

11 Snap to Glyph: 안내선의 종류를 선택할 수 있습니다.

12 Touch Type Tool: 클릭한 글자만 개별 선택하여 수정할 수 있습니다.

13 Show Font Height Options: 폰트의 높이를 정하는 기준을 선택할 수 있습니다.

엠블럼 곡선 따라 글씨 쓰기

◎ **준비 파일**: chapter7/Emblem.ai

01 Emblem.ai 파일을 불러옵니다. 툴 패널에서 면 색과 선 색을 설정하고 Stroke는 10pt로 합니다.

02 별 툴(⭐)을 선택하고 아트보드 위를 클릭하여 창이 뜨면 Radius 1은 40mm, Radius 2는 38mm, Points는 20으로 설정한 후 [OK]를 클릭합니다. 선택 툴(▶)을 선택하고 위젯을 드래그하여 곡선으로 만듭니다.

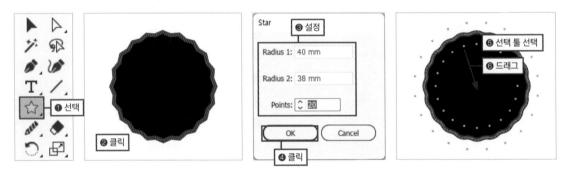

03 원형 툴(⬭)을 선택하고 핑크색을 선택하여 원을 그립니다. 그런 다음 그보다 작게 흰 원을 하나 그립니다.

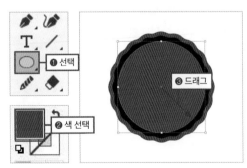

04 지금까지 그린 3개의 오브젝트를 모두 선택한 후 Ctrl + Shift + I 를 눌러 모두 뒤로 보냅니다. 글
씨를 쓸 패스를 만들기 위해 원을 하나 그립니다.

05 [Character] 패널에서 폰트를 설정하고 패스 텍스트 툴
()을 선택합니다. 패스 위에 마우스 커서를 가져가 물결 모
양의 커서가 나오면 클릭하여 글씨를 입력합니다.

◎ **준비 파일**: chapter7/Santa.ai

01 　Santa.ai 파일을 불러옵니다. 텍스트 툴(T)을 선택하고 [Character] 패널에서 폰트를 선택한 후
텍스트를 입력합니다.

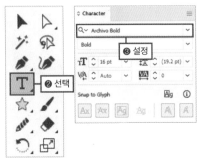

02 　[Character] 패널의 목록 아이콘을 클릭하면 나오는 메뉴에서 [Touch Type Tool]을 선택합니다.
오른쪽 상단에 Touch Type Tool이 생기는데 클릭한 후 e를 클릭하면 그 텍스트에만 테두리 상자가 나
타나서 텍스트를 수정할 수 있습니다.

03 위쪽에 커서를 놓고 회전시킨 후 박스 안에 커서를 놓고 드래그하면 이동할 수 있습니다. 다른 글자들도 하나씩 크기, 방향, 위치를 수정해 봅니다.

문단 편집과 스타일

문단 편집 기능 중 대소문자를 바꾸는 방법, Tabs 패널로 텍스트를 정리하는 방법, 둘러싸기 텍스트를 만드는 방법, 스레드 만드는 방법, 다단 만드는 방법 등을 배웁니다.

LESSON

◉ **준비 파일**: chapter7/Coffee.ai, Text Warp.ai, Text_thred.ai

● 대소문자 바꾸기

선택 툴로 문단을 선택합니다. [Type]-[Change Case] 메뉴를 선택합니다. 메뉴에 따라 대소문자 규칙이 적용됩니다.

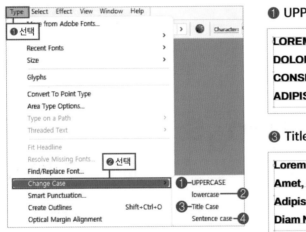

● Tabs 패널로 텍스트 정렬하기

1. Coffee.ai 파일을 불러옵니다. 선택 툴로 텍스트를 선택하고 Ctrl + Shift + T 를 눌러 [Tabs] 패널을 엽니다. 줄자에서 10mm, 40mm 지점을 클릭하면 줄자 위에 화살표가 생깁니다. 줄자 부분을 클릭하고 X 항목에 수치를 입력하면 정확한 위치에 Tab을 만들 수 있습니다. 화살표를 밖으로 드래그하면 삭제할 수 있습니다.

2. 텍스트 툴로 COFFEE 앞을 클릭하여 커서를 놓고 Tab 을 누르면 첫 번째 화살표 지점으로 이동합니다.

3. Americano의 5.0 앞을 클릭하여 커서를 놓고 Tab 을 누르면 두 번째 화살표 지점으로 이동합니다. 아래의 다른 항목들도 가격 앞을 클릭하여 커서를 놓고 Tab 을 클릭하여 모두 옮깁니다.

NOTE   Tabs 패널

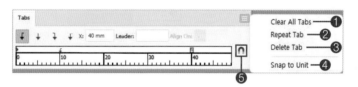

❶ **Clear All Tabs**: 설정한 모든 탭을 삭제합니다.
❷ **Repeat Tab**: 설정한 탭과 같은 간격의 탭을 만듭니다.
❸ **Delete Tab**: 선택한 탭을 삭제합니다.
❹ **Snap to Unit**: 단위에 스냅을 걸어 탭을 이동할 때 편리합니다.
❺ **Position Panel Above Text**: [Tabs] 패널이 텍스트와 떨어져 있을 때 클릭하면 텍스트 위로 맞게 이동됩니다.

● 둘러싸기

선택 툴로 오브젝트를 선택하고 Ctrl + Shift + 1 를 눌러 오브젝트를 맨 위로 올립니다. 텍스트와 오브젝트를 모두 선택하고 [Object]-[Text Wrap]-[Make] 메뉴를 선택한 후 [OK]를 클릭하면 텍스트들이 오브젝트 테두리 밖에 놓입니다.

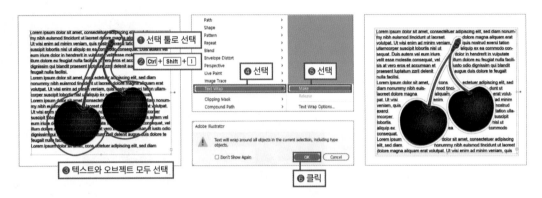

[Text Wrap]의 옵션을 수정하여 오브젝트와 오브젝트를 감싸는 텍스트 간의 거리를 조절할 수 있습니다. [Object]-[Text Wrap]-[Text Wrap Options] 메뉴를 선택합니다. Offset을 20pt로 수정하고 [OK]를 클릭합니다.

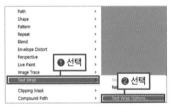

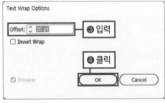

● 텍스트 스레드

선택 툴로 텍스트 영역을 클릭하면 텍스트가 안에 더 있다는 것을 알 수 있습니다. ⊞ 표시를 클릭하고 텍스트 영역의 오른쪽 위를 클릭합니다. 텍스트 영역이 생기고 글이 이어집니다.

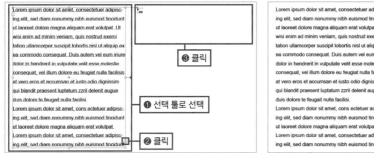

● 다단 만들기

1. 사각형을 그린 후 [Object]-[Path]-[Split into Grid] 메뉴를 선택합니다.

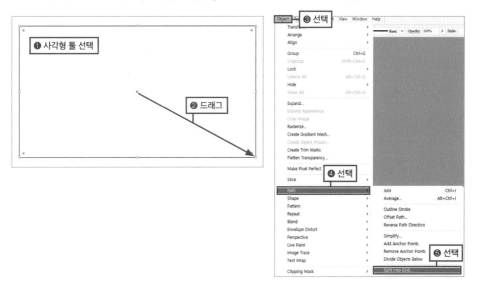

2. 옵션 창이 뜨면 Columns의 Number를 3, Gutter는 10mm로 입력하고 [OK]를 클릭합니다. 사각형이 10mm 간격으로 3개로 나눠집니다.

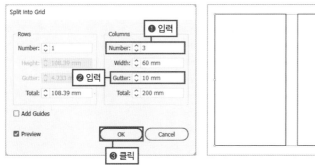

3. [Type]-[Threaded Text]-[Create] 메뉴를 선택합니다. .

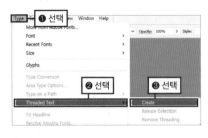 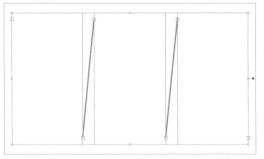

4. 텍스트 툴로 클릭한 후 긴 문장을 입력하면 문장이 연결되면서 배치됩니다.

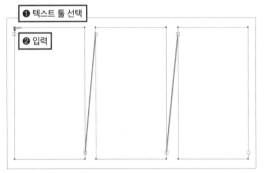

문단 스타일과 단락 스타일

ILLUSTRATOR 03
LESSON

패널에서 새로운 문자 스타일을 만드는 방법을 알아봅니다. 기존에 만들었던 스타일을 수정하는 방법과 폰트, 속성, 색을 결정할 수 있는 단락 스타일을 설정하는 방법을 알아봅니다.

◉ **준비 파일**: chapter7/Menu.ai

● 문자 스타일

1. Menu.ai 파일을 불러옵니다. [Window]-[Type]-[Character Styles] 메뉴를 선택하고 [Character Styles] 패널에서 ⊞ 표시를 클릭하여 새 문자 스타일을 만듭니다.

클릭

2. 옵션 창이 뜨면 원하는 폰트와 크기를 설정하고 원하는 색을 설정한 후 [OK]를 클릭합니다.

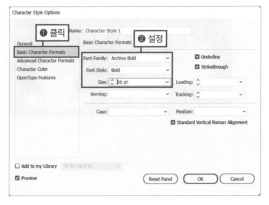

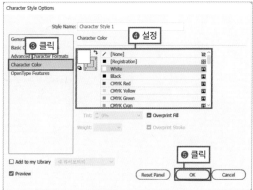

3. 텍스트 툴로 제목을 드래그하여 [Character Styles] 패널에 등록한 스타일을 클릭하면 설정한 스타일이 적용됩니다.

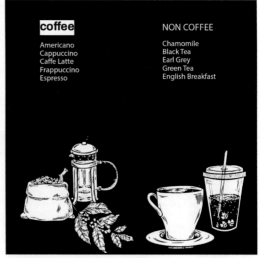

4. 옆에 있는 non coffee도 드래그하여 [Character Styles] 패널에 등록한 스타일을 클릭하면 설정한 스타일이 적용됩니다.

● 스타일 수정하기

설정한 스타일을 수정해 보겠습니다. [Character Styles] 패널에 등록한 스타일을 더블 클릭하면 옵션 창이 뜹니다. 색을 변경하고 [OK]를 클릭하면 스타일을 적용한 두 개의 타이틀이 모두 바뀐 스타일로 적용됩니다.

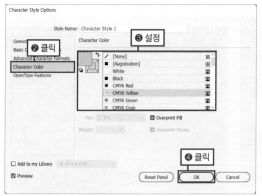

● 단락 스타일

1. [Paragraph Styles] 패널에서 새 단락 스타일 만들기 아이콘(▣)을 클릭합니다. 폰트와 속성과 색을 설정하고 [OK]를 클릭하여 등록합니다.

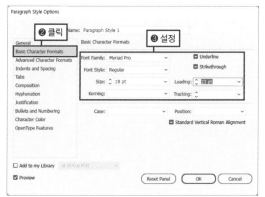

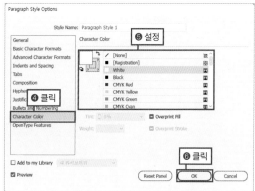

2. 선택 툴로 적용할 부분을 선택하고 [Paragraph Styles] 패널에 등록한 스타일을 클릭하면 설정한 스타일이 모두 적용됩니다.

특수 효과, 3D 효과

오브젝트를 왜곡하는 등의 다양한 특수 효과와 3D 오브젝트를 만드는 방법을 학습합니다. 더불어 투시도법으로 그리는 원근그리드와 아이소매트릭에 대해서도 학습합니다.

왜곡하기

폭 툴, 왜곡 툴, 휘감기 툴, 오목 툴, 볼록 툴, 부채꼴 툴, 크리스털 툴, 주름 툴에 대해 간단하게
살펴보고 오브젝트를 왜곡하는 방법, 변형으로 왜곡하는 방법, 메시로 왜곡하는 방법 등을 알
아봅니다.

LESSON

◎ **준비 파일**: chapter8/Distort.ai

오브젝트를 왜곡할 수 있는 8개의 툴로 오브젝트를 클릭하거나 드래그하여 다양한 효과를 줄 수
있습니다. 툴을 더블 클릭하면 나타나는 옵션 창에서 왜곡 영역의 크기, 강도 등을 설정할 수 있습
니다.

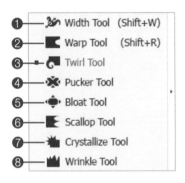

❶ **폭 툴(Shift+W)**: 선의 폭을 조절합니다. 폭
의 기준점을 이동, 복제, 삭제할 수 있습니다.

❷ **왜곡 툴(Shift+R)**: 드래그하는 방향으로 오
브젝트가 왜곡됩니다. 왜곡 툴을 더블 클릭
하면 나타나는 옵션 창에서 기준점을 조절할
수 있습니다.

❸ **휘감기 툴**: 드래그하는 방향에 따라 소용돌이 형태로 말립니다. 휘감기 툴을 더블 클릭하면 나타나는 옵션 창에서 소용돌이치는 방향을 설정할 수 있습니다.

❹ **오목 툴**: 드래그하는 방향으로 오브젝트가 오그라듭니다.

❺ **볼록 툴**: 드래그하면 오브젝트가 볼록하게 팽창됩니다.

❻ **부채꼴 툴**: 드래그하는 방향에 따라 부채꼴 주름이 생깁니다.

❼ **크리스털 툴**: 드래그하는 방향에 따라 바깥쪽으로 퍼지는 주름이 생깁니다.

❽ **주름 툴**: 드래그하는 방향에 따라 수평 또는 수직 주름이 생깁니다.

◎ **준비 파일**: chapter8/Animal_1.ai

01 Animal_1.ai 파일을 불러옵니다. 선택 툴(▶)로 나비의 오른쪽 날개를 클릭합니다.

02 툴 패널에서 휘감기 툴(◉)을 더블 클릭하여 옵션 창을 엽니다. Width, Height를 70pt, Intensity 는 20%로 하고 [OK]를 클릭합니다. 나비의 날개를 클릭한 채 있으면 소용돌이 형태로 말립니다.

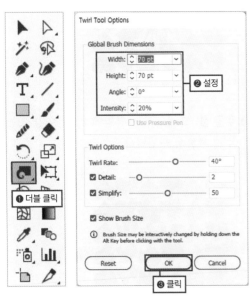

03 Ctrl 을 누르는 동안 선택 툴(▶)이 나타나는데 앞날개를 클릭하여 선택합니다. 그런 다음 앞날개의 윗부분을 클릭하여 왜곡합니다.

04 툴 패널에서 크리스털 툴(▓)을 더블 클릭하여 나타나는 옵션 창에서 Width, Height를 80pt로 하고 [OK]를 클릭합니다. Ctrl 을 잠깐 눌러 왼쪽 눈 부위를 선택하고 다시 크리스털 툴(▓)로 돌아와 눈을 클릭하면 원의 형태가 변형됩니다.

05 Ctrl 을 눌러 꽃을 선택합니다. 툴 패널에서 오목 툴( )을 선택한 후 꽃을 클릭하면 꽃이 오그라드는 것을 볼 수 있습니다.

06 아래의 초록색 바를 선택하고 툴 패널에서 주름 툴( )을 더블 클릭하여 옵션 창을 엽니다. Width, Height를 50pt, Intensity는 100%로 하고 [OK]를 클릭합니다.

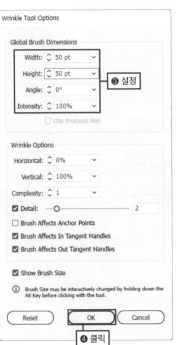

07 초록색 바를 위로 드래그
하여 잔디처럼 보이도록 수정합
니다.

드래그

---

2 **· 기능 예제 ·** 　　　　　　　　　　　　　　　　　　　　**변형으로 왜곡하기**

◎ **준비 파일**: chapter8/Heart.ai

01 Heart.ai 파일을 불러옵니다. 선택 툴(▶)로 오브젝트를 선택한 후 [Object]-[Envelope Distort]-
[Make with Warp] 메뉴를 선택합니다.

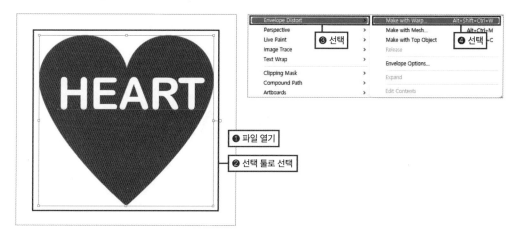

❶ 파일 열기

❷ 선택 툴로 선택

02 [Warp Options] 대화상자에서 스타일을 'Inflate'로 선택하고
[OK]를 클릭합니다.

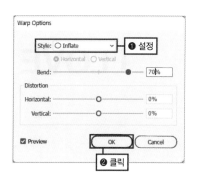

03 직접 선택 툴(△)로 패스를 선택하고 수정하면 그에 따라 텍스트도 같이 왜곡됩니다.

04 왜곡된 오브젝트를 수정하고 싶을 때는 [Object]-[Envelope Distort]-[Edit Contents] 메뉴를 선택하면 원본 오브젝트의 패스가 선택됩니다.

05 Ctrl+Y를 눌러 원본 형태가 나타나면 텍스트를 수정합니다.

06 [Object]-[Expand] 메뉴를 선택하면 왜곡된 오브젝트가 일반 오브젝트로 바뀝니다.

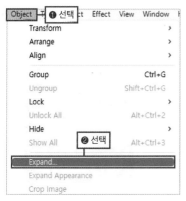 

3 ・기능 예제・   **메시로 왜곡하기**

◎ **준비 파일**: chapter8/Can.ai

01   Can.ai 파일을 불러옵니다. 선택 툴(▶)로 오브젝트를 선택한 후 [Object]-[Envelope Distort]-
[Make with Mesh] 메뉴를 선택합니다. 옵션 창이 뜨면 Rows를 1, Columns는 2를 입력하고 [OK]를 클
릭합니다.

02 직접 선택 툴(▷)로 기준점을 선택하고 캔의 형태에 맞게 수정하면 내부 이미지가 같이 왜곡됩니다.

03 [Object]-[Envelope Distort]-[Release] 메뉴를 선택하면 원본 패스와 왜곡된 오브젝트가 두 개로 나눠지면서 왜곡이 해제됩니다.

◎ **준비 파일**: chapter8/Tomato_text.ai

01　Tomato_text.ai 파일을 불러옵니다. 선택 툴(▶)로 토마토의 빨간 부분과 TOMATO 텍스트와 네모를 선택합니다. 이때 오브젝트는 맨 위에 있어야 합니다.

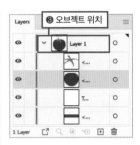

02　[Object]-[Envelope Distort]-[Make with Top Object] 메뉴를 선택하면 오브젝트 모양에 맞게 텍스트가 왜곡됩니다.

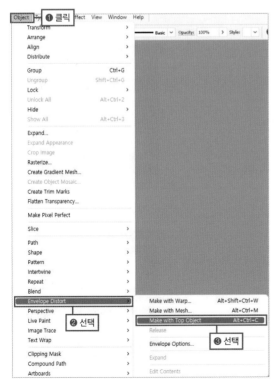

특수 효과

특수 효과에 대해 알아보고 드롭 섀도, 페더, 이너글로, 아우터 글로, 라운드 코너, 스크리블 등
여러 효과에 대해 살펴봅니다.

L E S S O N

◎ **준비 파일**: chapter8/Stylize.ai

Stylize.ai 파일을 불러옵니다. 선택 툴로 오브젝트를 클릭한 후 [Effect]-[Stylize] 메뉴를 선택합니다.

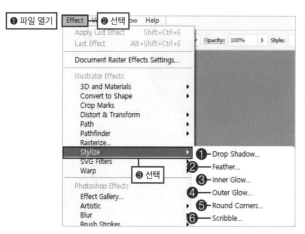

❶ **Drop Shadow**: 그림자 효과
를 줄 수 있습니다.

❷ **Feather**: 오브젝트의 경계
를 부드럽게 해줍니다.

❸ **Inner Glow:** 내부에 광선 효과를 줄 수 있습니다.

❹ **Outer Glow:** 외부에 광선 효과를 줄 수 있습니다.

❺ **Round Corners:** 모서리를 둥글게 할 수 있습니다.

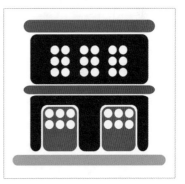

❻ **Scribble:** 낙서 효과를 줄 수 있습니다.

3D 효과 오브젝트 만들기

머티리얼스 메뉴를 통해 오브젝트, 머티리얼, 라이팅 항목에 대해 알아보고 텍스트에 3D 효과를 주는 방법에 대해 배웁니다.

오브젝트를 쉽게 3D로 만들 수 있고 다양한 질감과 조명 효과를 줄 수 있습니다. [Effect]-[3D and Materials] 메뉴를 선택합니다.

- **Object**: 오브젝트를 입체로 만듭니다. 두께, 돌출 등을 설정할 수 있습니다.

- **Materials**: 나무 등의 질감을 선택하여 적용할 수 있습니다.

- **Lighting**: 조명을 세팅하고 강도, 회전, 높이, 부드러움 등을 설정할 수 있습니다.

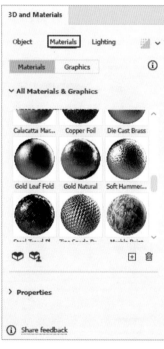

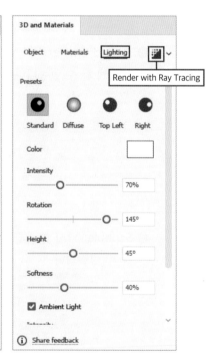

- **Render with Ray Tracing**: 3D 효과를 적용한 후 퀄리티를 선택하여 렌더링할 수 있습니다.

1 ◦ **기능 예제** ◦ 　　　　　　　　　　　　　　　　3D 아이콘 만들기

◎ **준비 파일**: chapter8/Apple.ai

01　Apple.ai 파일을 불러옵니다. 사과 전체를 선택하고 Ctrl+G를 눌러 그룹으로 만듭니다. [Effect]-
[3D and Materials]-[Extrude & Bevel] 메뉴를 선택합니다.

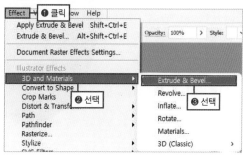

02　3D Type의 Inflate 항목을 선택하고 Depth를 8mm로 설정한 후 스크롤을 내려 Rotation의
Presets을 Front로 변경합니다.

03 Materials의 Roughness를 0으로 변경하여 좀 더 부드럽게 처리합니다.

04 마지막으로 Render with Ray Tracing을 클릭하여 완성합니다.

2 · 기능 예제 ·   3D Text

◎ **준비 파일**: chapter8/3D.ai

01 3D.ai 파일을 불러옵니다. [Character] 패널에서 서체, 크기 등의 속성을 설정한 후 텍스트 툴(✑)로 2023을 입력합니다.

02 입력한 텍스트를 선택하고 [Effect]-[3D and Materials]-[Extrude & Bevel] 메뉴를 선택합니다. 3D and Materials 패널이 열리고 효과가 적용됩니다.

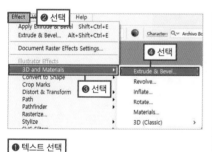

03 옵션 창에서 X는 45도, Y는 45도, Z는 30도를 입력합니다.

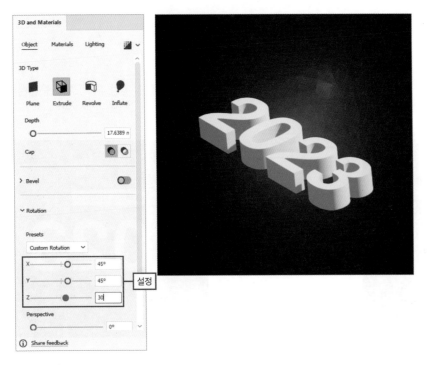

04 이제 Materials를 선택한 후 'Natural Plywood'를 선택합니다.

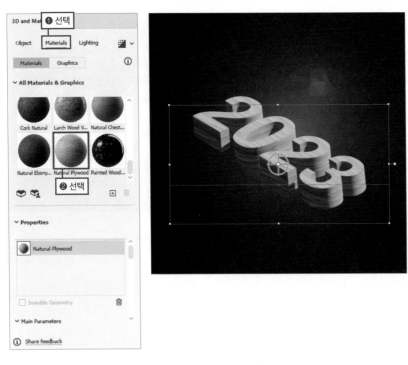

05 Lighting을 선택하고 Intensity는 110%, Rotation은 145도, Height는 75도, Softness는 53%로 조절한 후 렌더링을 걸어 완성합니다.

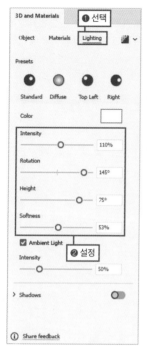

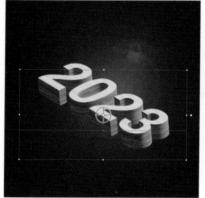

06 위치를 옮긴 후 텍스트들을 넣고 마무리합니다.

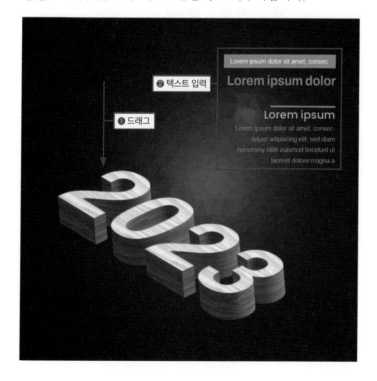

원근 그리드 툴

위젯과 수평선, 접지 레벨, 수직 그리드 조절, 오른쪽 그리드 컨트롤, 가로 그리드 컨트롤, 왼쪽 그리드 컨트롤, 왼쪽 그리드 범위, 오른쪽 그리드 범위 등 그리드에 대해 알아보고 그리드 메뉴에 대해 살펴봅니다.

원근 그리드 툴을 클릭하면 원근감 그리드가 나타납니다. 투시도처럼 공간감을 줘서 그릴 때 사용합니다. 끝에 있는 원이나 마름모를 드래그하면 그리드를 수정할 수 있습니다.

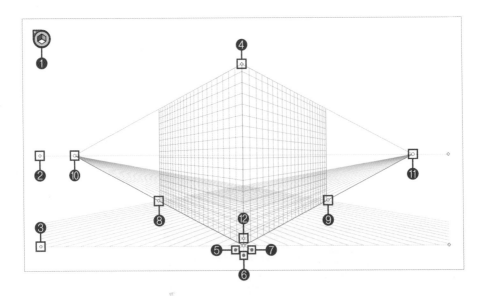

❶ **위젯**: 오브젝트를 그릴 면을 선택합니다.

❷ **수평선**: 수평선의 위치를 조절합니다.

❸ **접지 레벨**: 원근 그리드의 위치를 조절합니다.

❹ **수직 그리드 조절**: 그리드의 높이를 조절합니다.

❺ **오른쪽 그리드 컨트롤**: 오른쪽 그리드의 영역을 조절합니다.

❻ **가로 그리드 컨트롤**: 가로 그리드를 조절하여 원근 그리드의 높이를 조절합니다.

❼ **왼쪽 그리드 컨트롤**: 왼쪽 그리드의 영역을 조절합니다.

❽ **왼쪽 그리드 범위**: 왼쪽 그리드의 면을 조절합니다.

❾ **오른쪽 그리드 범위**: 오른쪽 그리드의 면을 조절합니다.

❿ **왼쪽 소실점**: 왼쪽 소실점을 조절하여 그리드의 각도를 조절합니다.

⓫ **오른쪽 소실점**: 오른쪽 소실점을 조절하여 그리드의 각도를 조절합니다.

⓬ **그리드 셀 크기**: 그리드의 셀 크기를 조절합니다.

● 설정 그리드 메뉴: [View]-[Perspective Grid]-[Define Grid]

❶ **Preset**: 원근 그리드의 종류를 선택합니다.

❷ **Perspective Grid Settings**: 그리드 타입, 단위, 크기 비율, 그리드 간격 등을 조절합니다.

❸ **Viewing Angle, Viewing Distance, Horizon Height**: 보이는 면의 각, 각도와 거리, 전체 그리드의 범위를 조절합니다.

❹ **Grid Color & Opacity**: 그리드의 색상 및 불투명도를 조절합니다.

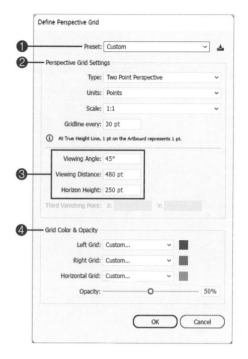

● 원근감 그리드 메뉴: [View]-[Perspective Grid]

❶ **Hide Grid**: 원근감 그리드를 안보이게 합니다.

❷ **Show Rulers**: 눈금자를 표시합니다.

❸ **Snap to Grid**: 패스를 그리거나 이동할 때 그리드에 맞춰집니다.

❹ **Lock Grid**: 그리드가 움직이지 않게 잠가 놓습니다.

❺ **Lock Station Point**: 소실점을 옮기면 오브젝트들도 같이 움직입니다.

❻ **Define Grid**: 옵션 창에서 설정을 조절합니다. 투시를 설정할 수 있고, 그리드의 단위, 크기, 간격 및 그리드, 위젯 색, 불투명도 등을 설정합니다.

❼ **One Point Perspective**: 1점 투시 그리드입니다.

❽ **Two Point Perspective**: 2점 투시 그리드입니다.

❾ **Three Point Perspective**: 3점 투시 그리드입니다.

❿ **Save Grid as Preset**: 설정한 그리드를 저장합니다.

01 원근 그리드 툴(▨)을 선택하여 원근 그리드를 표시합니다. 면 색을 원하는 색으로 설정한 후 사각형 툴(□)을 선택합니다. 오른쪽 그리드가 선택되어 있는지 확인하고 드래그하여 오른쪽 벽을 그립니다.

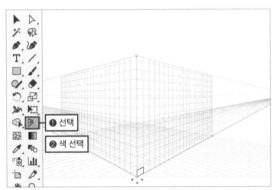
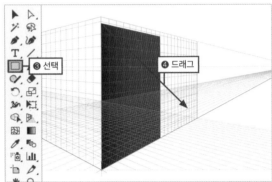

02 면 색과 선 색을 모두 설정하고 사각형 툴(□)로 네모를 하나 그립니다. 원근 선택 툴(▶)을 선택하고 Alt 를 누른 채 드래그하여 복제합니다. 같은 방법으로 복제하여 창문들을 모두 다 그립니다.

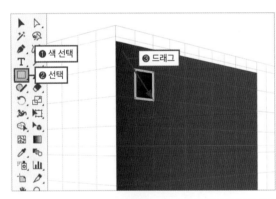
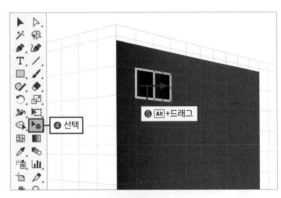

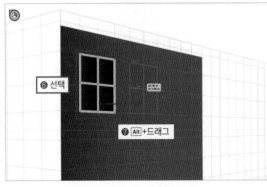
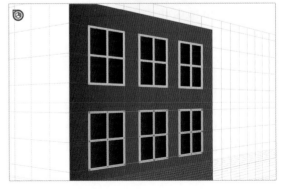

03 사각형 툴(▧)로 문과 창문을 마저 그립니다.

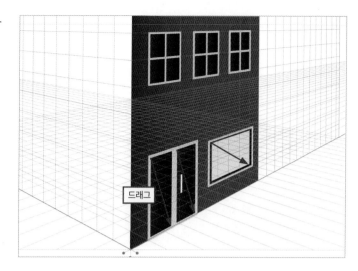

드래그

04 왼쪽 면을 그려보겠습니다. 위젯의 왼쪽 면을 클릭하여 왼쪽 그리드를 활성화하고 면 색을 설정한 후 사각형 툴(▧)로 왼쪽 면을 드래그하여 그립니다.

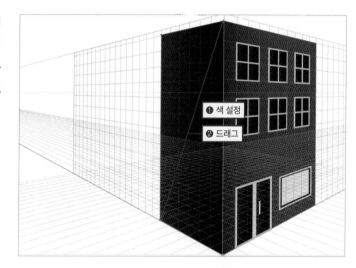

❶ 색 설정
❷ 드래그

05 사각형 툴(▧)로 네모를 하나 그리고 원근 선택 툴(▨)을 선택합니다. Alt 를 누른 채 드래그하여 여기저기 복제하여 벽면을 꾸며줍니다.

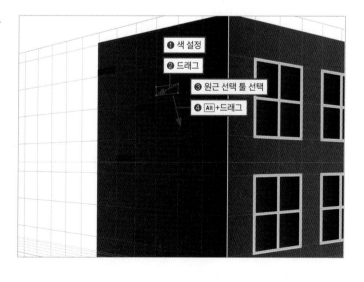

❶ 색 설정
❷ 드래그
❸ 원근 선택 툴 선택
❹ Alt +드래그

06 위젯의 오른쪽 면을 클릭하여 오른쪽 그리드를 활성화하고 상단의 프레임을 그린 후 왼쪽 면도 그립니다.

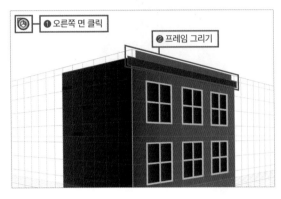
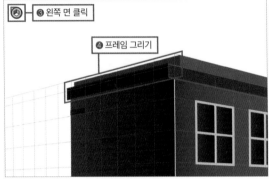

07 문앞에 차양을 만들기 위해 그리드를 따라 면을 만들고 직접 선택 툴(▷)로 부분 수정을 합니다.

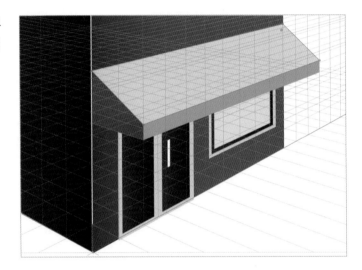

08 텍스트 툴(T)로 오브젝트 바깥에 Coffee Shop을 입력합니다. 원근 선택 툴(▶)로 텍스트를 드래그하여 차양 위에 올려놓아 마무리합니다.

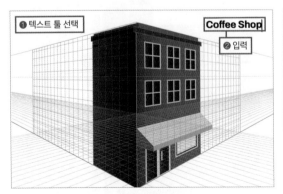

09 작업이 끝나면 위젯의 버튼을 클릭하여 그리드를 없앱니다.

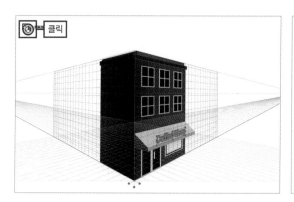

더 알·아·보·기

Graphic Styles 패널과 Appearance 패널

Graphic Styles 패널

❶ Graphic Styles Libraries: 다양한 그래픽 스타일 라이브러리를 적용합니다.

❷ Break Link to Graphic Style: 그래픽 스타일을 적용한 것을 해제합니다.

❸ New Graphic Style: 오브젝트를 그래픽 스타일로 등록합니다.

❹ Delete Graphic Style: 그래픽 스타일을 삭제합니다.

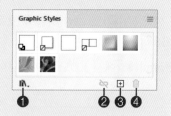

Appearance 패널

오브젝트에 적용된 면 색, 선 색, 불투명도, 스타일 등의 속성을 설정합니다.

❶ Add New Stroke: 선의 속성을 추가합니다.

❷ Add New Fill: 면의 속성을 추가합니다.

❸ Add New Effect: 스타일의 속성을 추가합니다.

❹ Clear Appearance: 적용된 속성을 삭제합니다.

❺ Duplicate Selected Item: 속성을 복제합니다.

❻ Delete Selected Item: 속성을 삭제합니다.

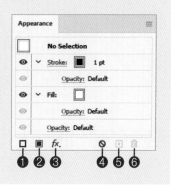

01 펜 툴()로 수직선을 하나 그리고 `Shift`+`Alt`를 누른 채 드래그하여 하나 복제합니다. `Ctrl`+`D`를 반복해서 눌러 그림과 같이 선을 복제합니다.

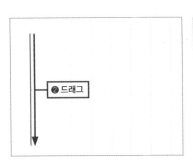
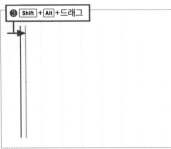
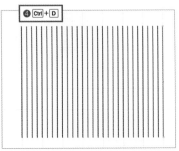

02 선택 툴()로 그린 선들을 모두 선택한 뒤, `Ctrl`+`C`를 눌러 복제하고 `Ctrl`+`F`를 눌러 제자리에 붙입니다. [Transform] 패널에서 60도 회전합니다. 다시 `Ctrl`+`F`를 눌러 복제한 것을 붙여주고 [Transform]패널에서 300도 회전합니다.

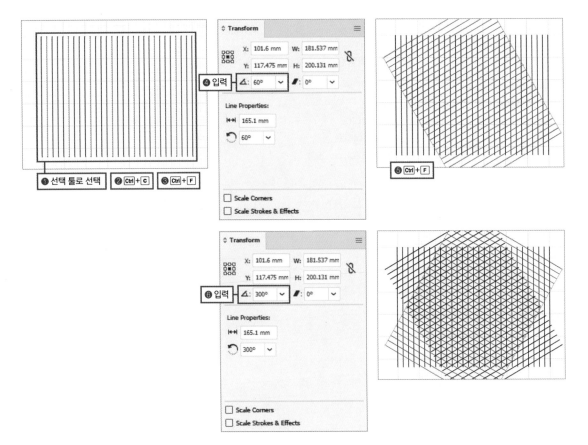

03 선택 툴(▶)로 선들을 모두 선택하고 Live Paint Bucket 툴(🔨)을 선택합니다. [Swathes] 패널에서 색을 선택하고 원하는 영역에 클릭하여 칠합니다.

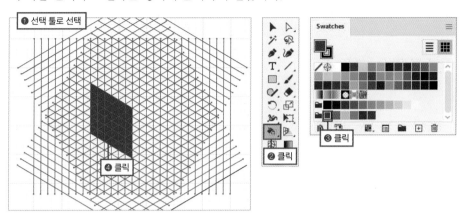

04 다른 면들도 원하는 색을 선택하고 드래그하여 칠합니다. 잘못 칠한 부분이 있다면 다시 원하는 색을 선택하고 칠하면 됩니다. 다 그렸으면 선택 툴(▶)로 전체 선택하고 툴 패널에서 선 색을 없음으로 처리하여 마무리합니다.

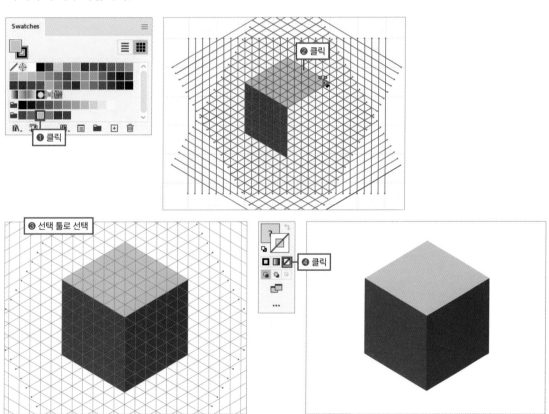

CHAPTER

9

활용 예제로 배우는
실무 테크닉

앞에서 배운 기능들을 활용하여 실무 디자인에 어떻게 응용하는지 살펴보겠습니다.

다양한 기능들을 어떻게 활용하는지 눈여겨 보세요.

라인으로 만드는 추상적 배경

영상, ppt 스킨 등 여러 용도에 효과적으로 활용할 수 있는 추상적인 배경을 만들어 봅니다.
선의 두께, 간격, 블렌딩의 조합에 따른 형태의 변형으로 다양한 배경을 만들 수 있습니다.

◎ **완성 파일:** chapter9/Background.ai

01 Ctrl + N 을 눌러 A4 크기, 가로 방향의 창을 만듭니다. #0F1740 색을 선택하고 사각형 툴(🔲)로 전체 크기에 맞게 그려 배경을 만듭니다.

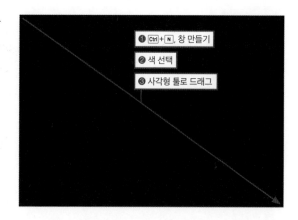

02 선 색(#00ADEE)을 설정하고 원형 툴(🔵)로 원을 그립니다.

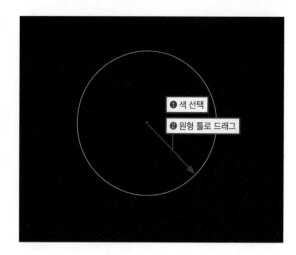

03 [Stroke] 패널에서 Dashed Line을 체크하고 dash와 gap을 각각 2pt로 설정합니다.

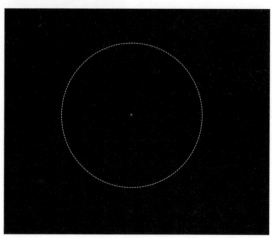

04 원 내부에 작은 원을 다른 색(#2B388F)으
로 하나 더 그립니다.

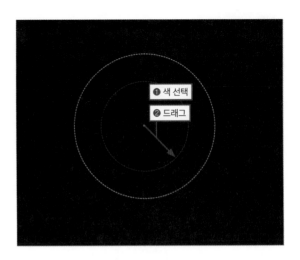

05 블렌드 툴(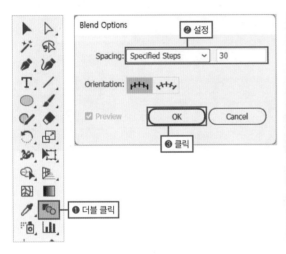)을 더블 클릭하고 [Blend Options] 대화상자에서 Spacing을 Specified Steps, 30으
로 설정하고 [OK]를 클릭합니다. 두 원을 각각 클릭하여 블렌딩합니다.

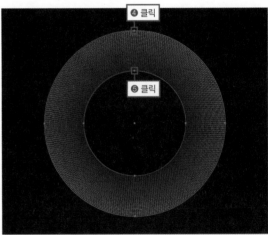

06 직접 선택 툴(▷)로 기준점을 클릭&드래 그하여 위치를 옮겨 원하는 형태를 만들 수 있습니다. 기준점을 이동하여 변형해 봅니다.

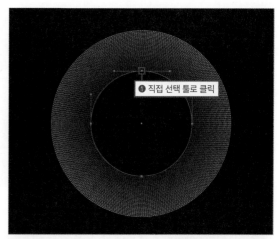

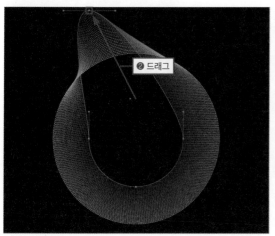

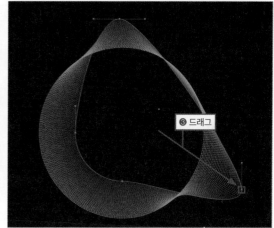

07 다른 형태로 하나 더 만들거나 앞서 만든 것을 복제하여 방향을 바꿔서 놓았습니다. 각자 원하는 형태를 자유롭게 만들어 봅니다.

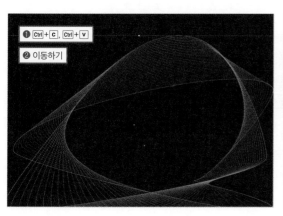

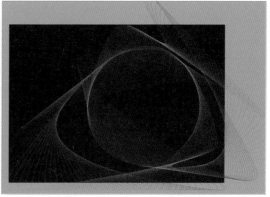

08 원형 툴(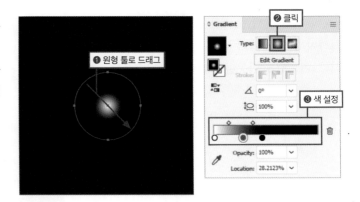)로 원을 그리고 그
레이디언트 툴(▦)을 선택합니다.
[Gradient] 패널에서 형태는 원형, 색은
가운데는 흰색, 외곽은 검정으로 설정
합니다.

09 [Transparency] 패널에서 모드
를 Color Dodge로 변경합니다.

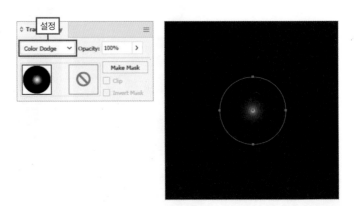

10 만든 원을 [Symbols] 패널로 드래그하여 등록합니다.

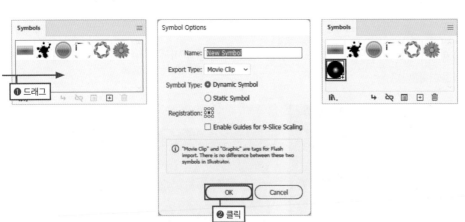

11 툴 패널에서 심벌 스프레이 툴(📷)을 선택하고 자유롭게 드래그하여 그립니다.

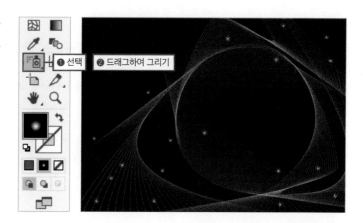

12 마지막으로 상단에 텍스트를 입력하여 마무리합니다.

그레이디언트로 만드는 배경

그레이디언트를 사용하여 배경을 만들어 봅니다. 그레이디언트의 방향, 크기, 위치에 따른 조합으로 다양한 작업에 배경으로 활용될 수 있는 추상적인 배경을 만들 수 있습니다.

◎ 완성 파일: chapter9/Background_abstract.ai

01 Ctrl+N 을 눌러 A4 크기, 가로 방향의 창을 만듭니다. 선분 툴(◻)로 검은색 선을 영역 밖에까지 드래그하여 그립니다.

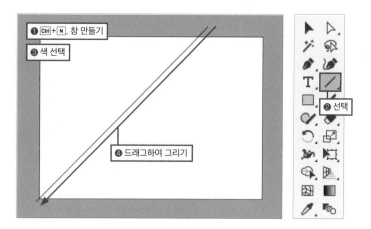

02 Alt 를 누른 채 드래그하여 3개의 선을 한 세트로 만듭니다. 3개의 선을 모두 선택하고 Alt 를 누른 채 여러 번 드래그하여 복제합니다.

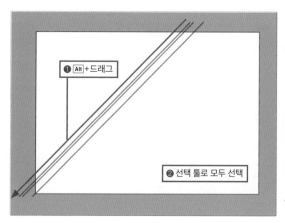

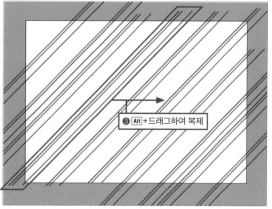

03 사각형 툴(◻)로 전체 아트보드 크기대로 드래그하여 그립니다.

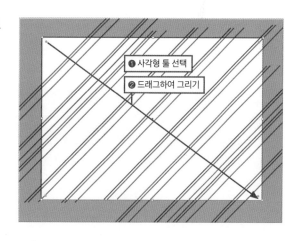

04 선들과 사각형을 모두 선택하고 [Pathfinder] 패널에서 Divide를 클릭하여 분할된 면을 만듭니다.

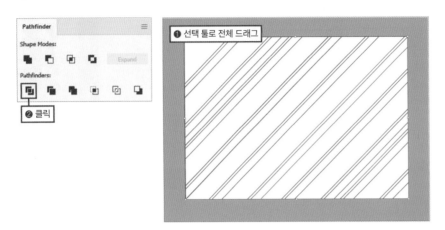

05 그레이디언트 툴(■)을 선택하고 색(#169ECC, #10729E)을 설정한 후 드래그하여 적용합니다.

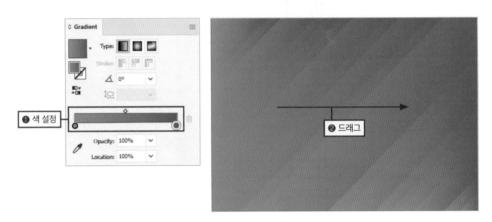

06 Ctrl + Shift + G를 눌러 그룹으로 묶인 것을 풀고, 임의로 하나의 면을 선택합니다. 그레이디언트 툴(■)을 선택하고 그레이디언트의 방향을 돌려 놓습니다.

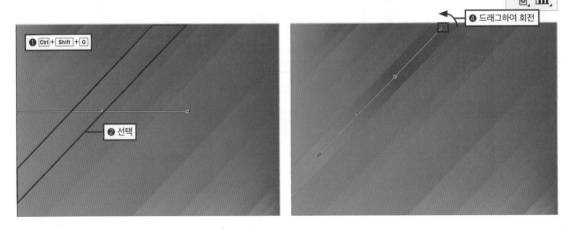

07 [Gradient] 패널에서 색을 반전시켜 적용합니다.

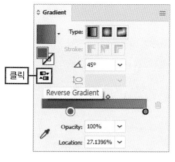

08 다른 면들도 같은 방법으로 선택한 후 [Gradient] 패널에서 색을 반전시키거나 그레이디언트의 방향을 바꾸거나 색상점의 위치를 조절하면서 다양하게 연출합니다.

09 그림자를 넣어보겠습니다. 하나의 면을 선택한 후 Ctrl+C를 눌러 복제하고 Ctrl+Shift+V를 눌러 제자리에 붙여 넣습니다. [Gradient] 패널에서 한쪽의 Opacity를 0%로 줄여 검정에서 투명으로 빠지는 원형 그레이디언트를 만듭니다.

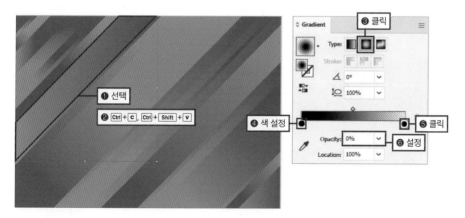

10　앞서 만든 그레이디언트를 적용하고 방향을 바꾸고 길이를 조절한 후 한쪽으로 드래 그하여 납작하게 만듭니다.

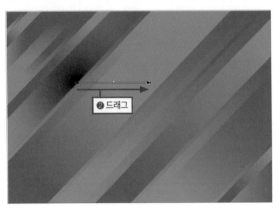

11　[Transparency] 패널에서 모드를 Darken으로 바꾸고 Opacity를 48%로 줄입니다.

12　같은 방법으로 그림자를 몇 개 더 만들어 넣고 가운데에 텍스트를 입력하여 마무리합니다.

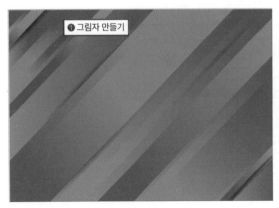

유동적 형태로 만드는 배너

유동적인 형상이 주는 자유로움은 다양한 의미로 해석이 가능하기 때문에 디자인 요소로서 많이 활용되고 있습니다. 다양한 크기와 형태로 구성된 유동적 이미지를 만들어 봅니다.

◉ **완성 파일**: chapter9/Liquid.ai

01 면 색(#0F132D)을 설정하고 사각형 툴(□)로 배경이 될 면을 그립니다. [Layers] 패널에서 잠금
아이콘을 클릭하여 배경이 움직이지 않게 합니다.

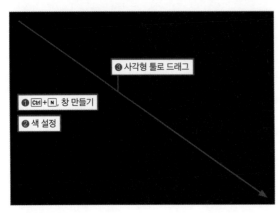

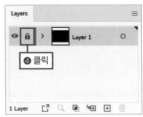

02 새 레이어를 추가하고 원형 툴(◯)로 원을 3개 그립니다.

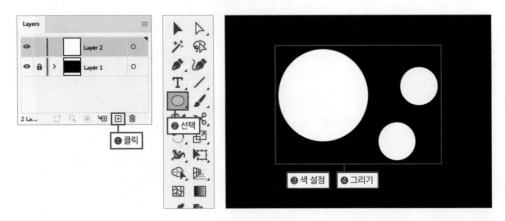

03 펜 툴(✏)로 원 사이를 이어주는 면을 이미지처럼 그립니다. 직접 선택 툴(▷)로 가운
데 기준점들만 Shift 를 누른 채 클릭하여 선택하고 위젯을 드래그하여 곡선으로 만듭니다.

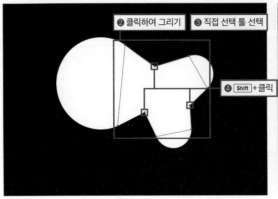

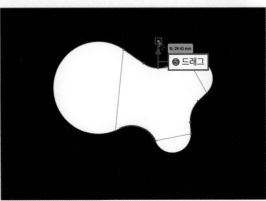

04 선택 툴(▶)로 전체를 선택하고 [Pathfinder]
패널에서 Unite를 클릭하여 하나로 합칩니다.

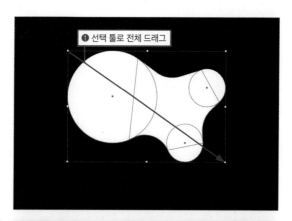

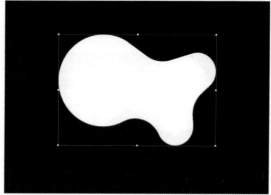

05 그레이디언트 툴(▣)을 선택하고 색(#FCB116, EE2E24)을 적용합니다.

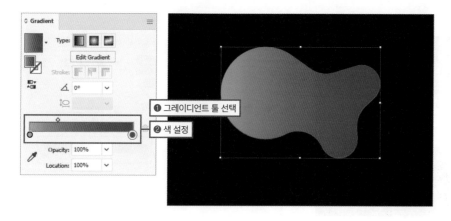

06 다른 형태도 하나 더 만듭니다. 원을 두 개 그리고, 앞에서 작업한 것처럼 펜 툴(✐)로 원 사이를 이어주는 면을 만듭니다. 직접 선택 툴(▶)로 가운데 기준점 두 개만 Shift 를 누른 채 클릭하여 선택하고 위젯을 드래그하여 곡선으로 만듭니다.

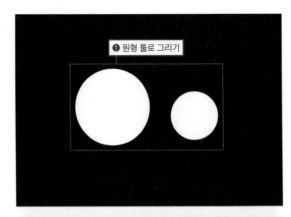

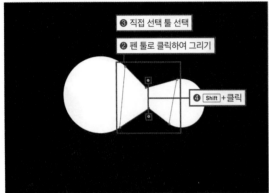

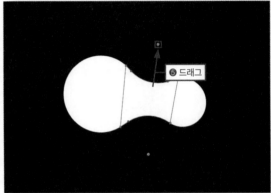

07 [Pathfinder] 패널에서 Unite를 클릭하여 면을 합치고 그레이디언트(#D7A22A, #85883E)를 적용합니다.

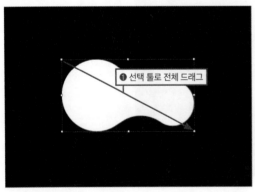

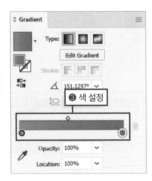

08 Ctrl + Shift + I 를 눌러 뒤로 보냅니다.

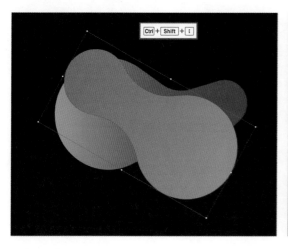 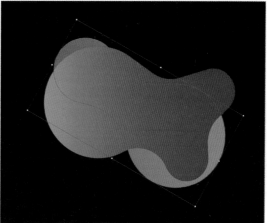

09 Ctrl + C , Ctrl + V 를 눌러 복제하여 그레이디언트를 앞서 적용한 오렌지톤으로 적용합니다. 크기를 줄이고 회전시킨 후 [Transparency] 패널에서 모드를 Multiply로 변경합니다.

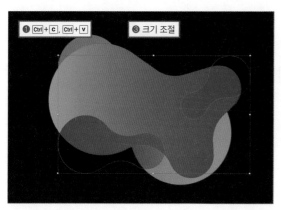 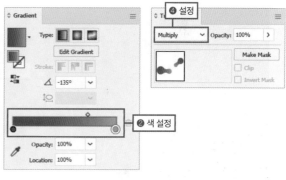

10 선택 툴(▶)로 가운데 큰 오렌지 오브젝트를 Alt 를 누른 채 드래그하여 복제합니다.

 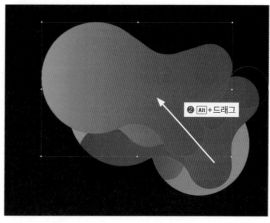

11 면 색과 선 색을 바꿔 선으로 만들고 [Stroke] 패널에서 Weight를 2pt로 합니다.

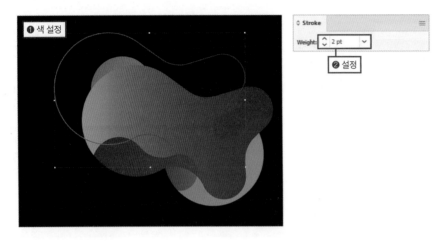

12 가위 툴(✂)로 두 지점을 클릭하고 직접 선택 툴(▷)로 잘린 아랫부분을 선택한 후 Delete를 눌러 지웁니다.

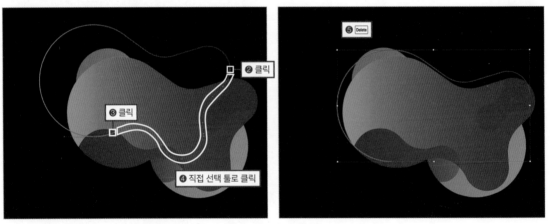

13 원을 그리고 [Transparency] 패널에서 모 드를 Screen으로 변경하고 Opacity를 32%로 줄 입니다. 직접 선택 툴(▷)로 아래 기준점을 위로 드래그하여 형태를 변형합니다.

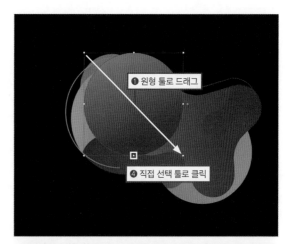

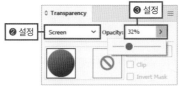

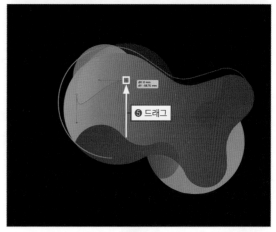

14 선으로 된 도형을 만들어 보겠습니다. 선분 툴(╱)로 선을 그립니다. Alt 를 누른 채 아래로 드래 그하여 복제합니다. Ctrl + D 를 여러 번 눌러 선을 복제합니다.

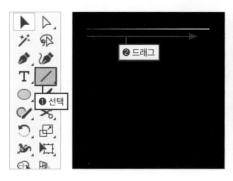

15 선들을 모두 선택하고 [Object]-[Expand] 메뉴를 선택합니다.

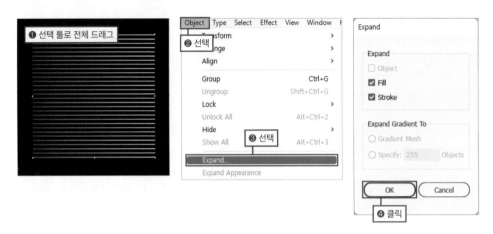

16 선들 위에 원을 그립니다. 선과 원을 모두 선택하고 [Object]-[Compound Path]-[Make] 메뉴를 선택합니다.

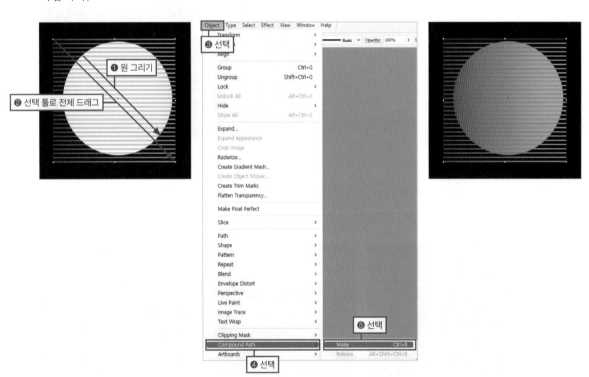

17 [Pathfinder] 패널에서 Intersect를 클릭하고 만든 도형을 왼쪽 하단에 놓습니다.

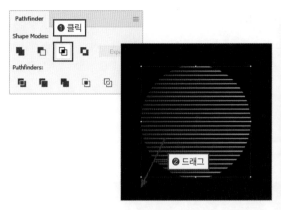

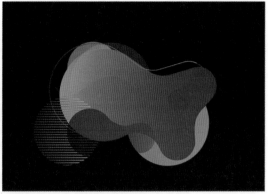

18 마지막으로 원을 넣고 텍스트를 입력하여
마무리합니다.

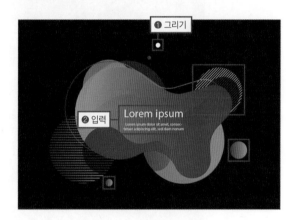

하프톤 패턴 만들기

하프톤은 인쇄 기술 중 하나로 도트 패턴으로 이미지를 나타내는 것입니다. 하프톤 효과는 레트로 스타일을 연출할 때 많이 활용되는데 그 자체로도 배경으로도 디자인에 많이 활용되고 있습니다.

◎ **완성 파일:** chapter9/Halftone.ai

01 면 색(#1A1A34)을 설정하고 원형 툴(◯)을 선택한 후 아트보드의 빈곳을 클릭합니다. [Ellipse] 대화상자가 뜨면 Width, Height를 모두 160mm으로 설정하고 [OK]를 클릭합니다. 80mm의 원도 하나 더 만듭니다.

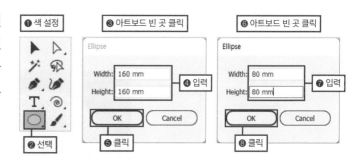

02 선택 툴(▶)로 두 원을 모두 선택하고 [Align] 패널에서 가운데 정렬합니다.

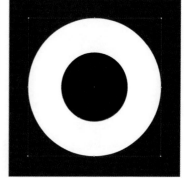

03 [Pathfinder] 패널에서 Minus Front를 클릭하여 가운데를 없앱니다.

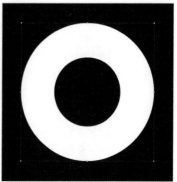

04 그레이디언트 툴(▣)을 선택하고 [Gradient] 패널에서 형태는 원형, 색은 검정에서 흰색으로 변하는 그레이디언트를 만듭니다.

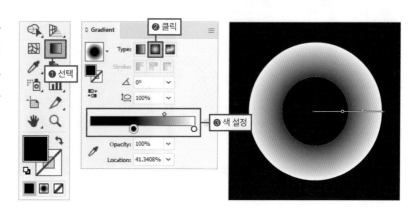

05 [Effect]-[Pixelate]-[Color Halftone] 메뉴를 선택하고 Max. Radius 45, 4개의 채널 모두 45를 입력하고 [OK]를 클릭합니다.

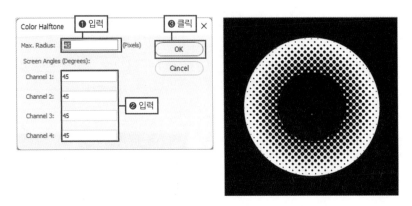

06 메뉴 바에서 [Object]-[Expand Appearance]를 선택합니다.

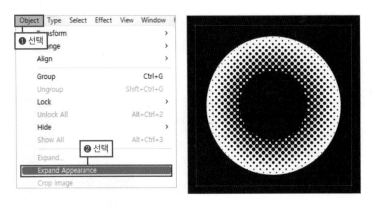

07 [Object]-[Image Trace]-[Make and Expand] 메뉴를 선택합니다. 마술봉 툴(🖌)로 이미지의 흰색을 선택하고 Delete 를 눌러 지웁니다.

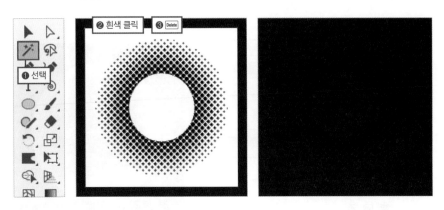

08 그레이디언트 툴()을 선택하고 원하는 색을 설정합니다. Shift 를 누른 채 드래그하여 그레이디언트를 적용합니다.

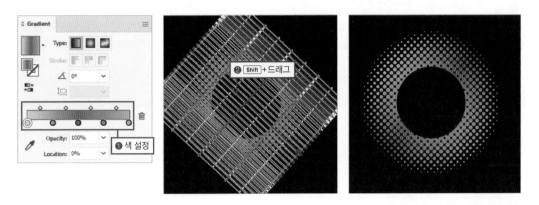

09 원을 복사하여 왼쪽 위에 놓고 크기를 줄입니다. 작은 크기도 하나 만들고 다른 도형들과 텍스트도 자유롭게 배치하여 마무리합니다.

인포그래픽 만들기

쉽고 빠른 시각적 소통을 위해 각광받고 있는 인포그래픽은 다양한 뉴미디어에 사용되고 있습니다. 앞에서 학습한 도형, 위젯, 패스파인더 기능을 활용하여 인포그래픽을 만들어 봅니다.

◎ **완성 파일:** chapter9/Diagram2.ai

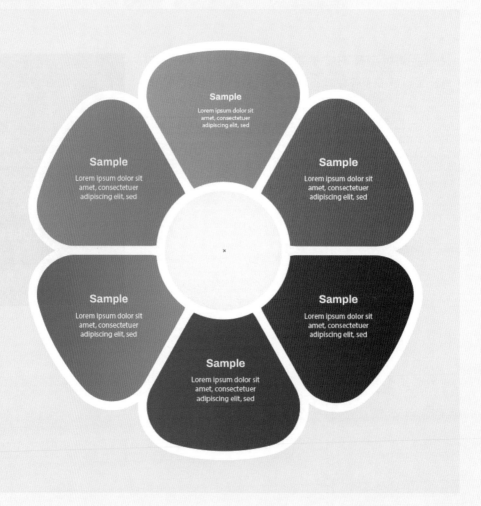

01 원형 툴(◯)을 선택하고 Shift 를 누른 채 드래그하여 원을 그립니다. 그런 다음 선분 툴(/)로 가운데 선을 그립니다. 필요하다면 [Align] 패널의 정렬 기능을 사용하여 원과 선을 선택하고 가운데 정렬합니다.

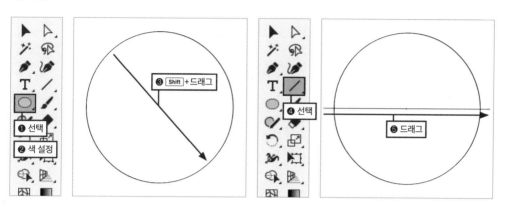

02 툴 패널에서 회전 툴(◑)을 더블 클릭하여 [Rotate] 대화상자에서 Angle을 60도로 설정하고 Copy를 클릭하여 60도 회전한 선을 복제합니다. Ctrl + D 를 눌러 120도 회전한 선을 한 개 더 복제합니다.

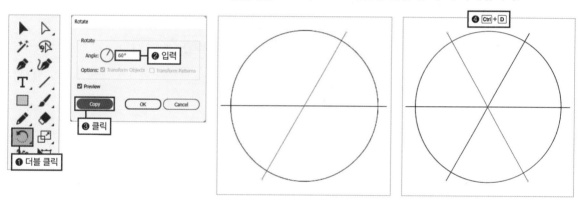

03 선택 툴(▶)로 모두 선택하고 [Pathfinder] 패널에서 Divide를 선택하면 선에 의해 면이 분할됩니다. Ctrl + Shift + G 를 눌러 그룹을 해제하고 선택 툴(▶)로 선택해 보면 나눠진 것을 확인할 수 있습니다.

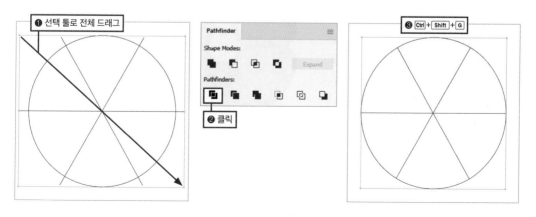

04 [Stroke] 패널에서 Weight를 10pt로 변경합니다.

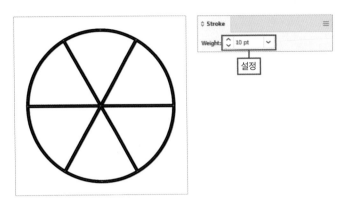

05 선택 툴(▶)로 색을 적용할 면을 선택하고 그레이디언트(#F5B51A, #F6911E)를 적용합니다.

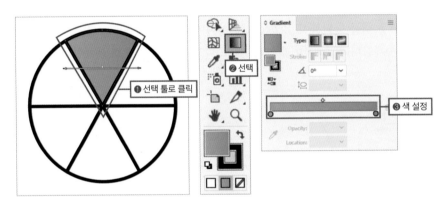

06 다른 면들도 원하는 색으로 그레이디언트를 적용합니다. 직접 선택 툴(▷)을 선택하고 위젯을 드래그하여 형태를 조절합니다.

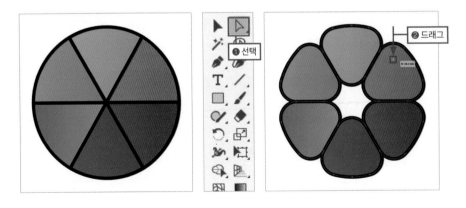

07 텍스트를 입력하여 마무리합니다.

08 테두리 색을 바꾸거나 가운데에 원을 넣거나 하여 변형할 수 있습니다.

등록한 브러시 활용하기

브러시를 사용하면 패스의 모양을 스타일화할 수 있습니다. 원하는 브러시를 만들어 등록하여 사진 이미지를 쉽게 일러스트로 만들어 봅니다.

◉ **준비 파일**: chapter9/Brush.ai
◉ **완성 파일**: chapter9/Brushfinal.ai

Lorem ipsum

01 Brush.ai 파일을 불러옵니다. 호랑이 이미지가 들어 있는 레이어가 잠겨 있고 작업할 수 있는 레이어가 있습니다.

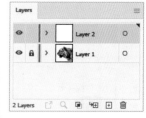

02 펜 툴(✏)로 면의 양옆을 뾰족하게 그리고 [Brushes] 패널로 드래그합니다. [New Brush] 대화상자가 뜨면 Art Brush를 클릭하고 [OK]를 클릭합니다.

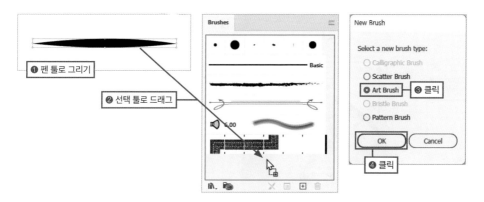

03 [Art Brush Options] 대화상자에서 Stretch to Fit Stroke Length를 클릭하고 방향은 왼쪽에서 오른쪽으로, Method는 None, Key Color는 검정으로 설정하고 [OK]를 클릭합니다. [Brushes] 패널을 보면 등록된 것을 알 수 있습니다.

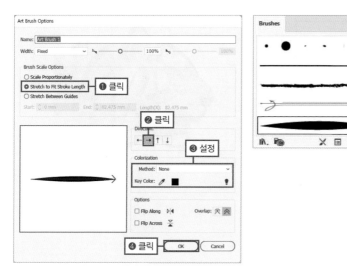

04 이미지를 따라 그리기 전에 먼저 [Layer 1]의 섬네일을 더블 클릭하고 [Layer Options] 대화상자에서 Dim Images to를 50%로 설정하고 [OK]를 클릭합니다. 이미지가 흐릿하게 되어 작업하기가 수월합니다.

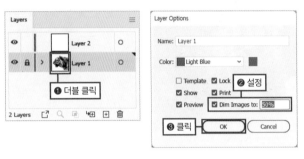

05 [Layer 2]를 선택하고 브러시 툴(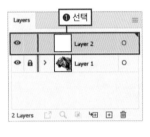)로 드래그하여 그린 후 [Stroke] 패널에서 Weight를 원하는 두께로 조절합니다.

06 호랑이의 형태를 따라 브러시로 그리고 두께를 조절하며 계속 그려갑니다. 호랑이 얼굴의 안쪽은 조금 얇게, 외곽선은 조금 두껍게 차이를 둡니다.

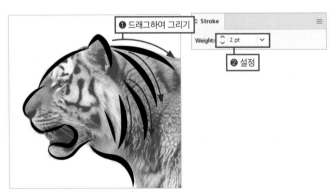

07 수염과 이빨을 그리기 위해 브러시를 하나 더 등록하겠습니다. 펜 툴()로 한쪽을 뾰족하게 그리고 [Brushes] 패널로 드래그합니다. [New Brush] 대화상자가 뜨면 Art Brush를 클릭하고 [OK]를 클릭합니다. [Art Brush Options] 대화상자에서 Stretch to Fit Stroke Length를 클릭하고 방향은 왼쪽에서 오른쪽으로, Method는 None, Key Color는 검정으로 설정하고 [OK]를 클릭합니다. [Brushes] 패널에 등록되었습니다.

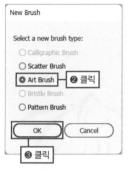

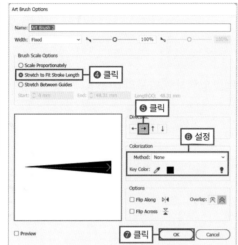

08 새로 등록한 브러시로 수염과 이빨을 그리고 [Stroke] 패널에서 두께를 조절합니다.

09 작업이 다 끝났으면 [Layer 1]의
눈 아이콘을 클릭하여 안보이게 합니다.

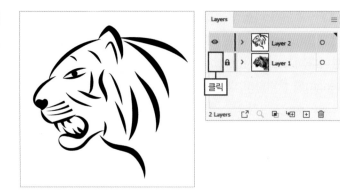

10 마지막으로 원을 그리고 텍스트를 입력하여 마무리합니다.

❶ 원 그리기

Lorem ipsum

❷ 텍스트 툴로 입력

자유롭게 그리는 라인 드로잉

연필 툴을 사용하면 손 가는 대로 자연스럽게 일러스트를 그릴 수 있습니다. 연필 툴로 드로잉한 후 스무드 툴로 수정하여 간단하게 라인 드로잉을 해봅니다.

◉ **준비 파일:** chapter9/Girl.ai
◉ **완성 파일:** chapter9/08Portrait_girl.ai

01 Girl.ai 파일을 불러옵니다. 참고
할 인물 이미지가 들어 있습니다.

02 연필 툴(✏️)을 선택하고 [Stroke] 패널에서 Weight를 1pt로 합니다. 인물의 얼굴 선을 따라 연필
툴(✏️)로 이어 그립니다.

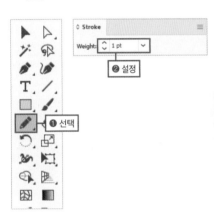

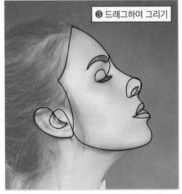

03 연필 툴(✏️)로 헤어라인을 따라 그리고 필요할 경우 스무드 툴(✏️)로 선을 다듬습니다.

04 헤어라인을 따라 자유롭게 그린 후 몸의 라인도 그립니다.

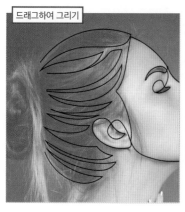
드래그하여 그리기

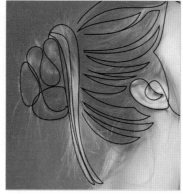

05 면 색(#FFEFE5)을 설정하고 사각형 툴(□)로 배경 크기에 맞게 그립니다. Ctrl+Shift+I 를 눌러 뒤로 보내 배경으로 깔아줍니다.

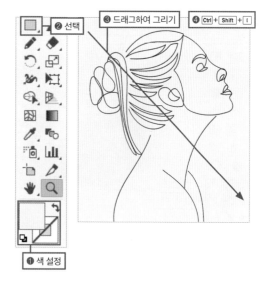

06 연필 툴(✏)로 그립니다.

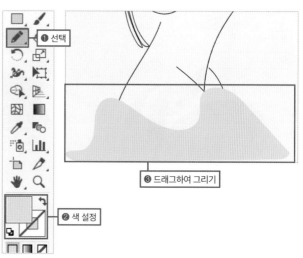

07 [Transparency] 패널에서 모드를 Multiply로 변경합니다.

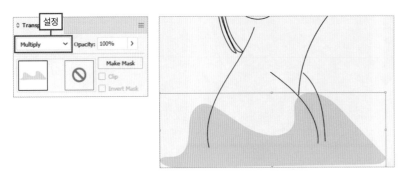

08 면 색(# FF9966)을 설정하고 연필 툴(✐)로 그립니다. [Transparency] 패널에서 모드를 Multiply 로 변경합니다.

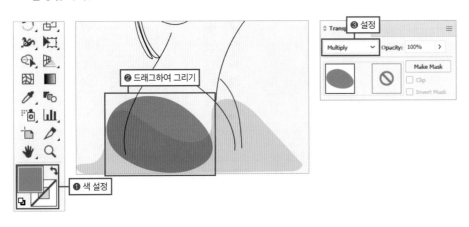

09 연필 툴(✐)이나 펜 툴(✐)을 사용하여 하단을 자유롭게 꾸며봅니다.

10 텍스트 영역을 확보하기 위해 원을 그립니다. 밖으로 나간 원의 일부를 정리하기 위해 사각형 툴 (▣)로 사각형을 하나 그립니다. 원과 사각형을 모두 선택하고 [Pathfinder] 패널에서 Intersect를 선택하여 형태를 정리합니다.

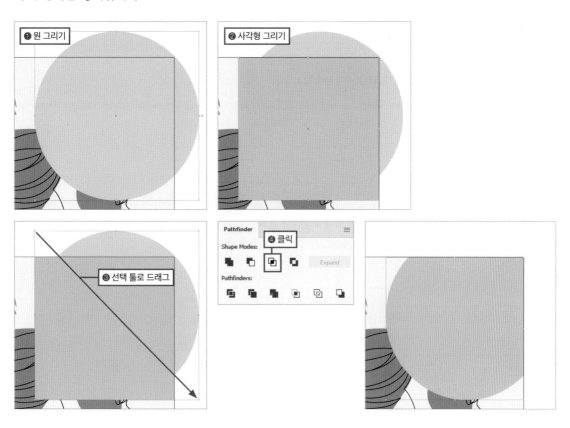

11 [Transparency] 패널에서 모드를 Multiply로 변경합니다. 텍스트를 입력하여 마무리합니다.

버튼 만들기

웹이나 앱에 주로 사용되는 버튼을 만들어 봅니다. 형태를 만들고 형태를 유지한 채 크기를 변형하는 방법, 반사광 효과를 주기 위해 그레이디언트와 투명도를 활용하는 방법을 살펴봅니다.

⊚ **완성 파일**: chapter9/Button.ai

BUTTON

BUTTON

BUTTON

BUTTON

BUTTON

01 둥근 사각형 툴(▢)을 선택하고 아트보드를 클릭하여 나오는 [Rounded Rectangle] 대화상자에서 Width는 80mm, Height는 20mm, Corner Radius는 4mm로 설정하고 [OK]를 클릭합니다.

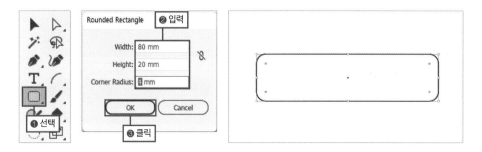

02 그레이디언트 툴(▦)을 선택하고 면 색을 #F7941D, #EE3F75로 설정합니다.

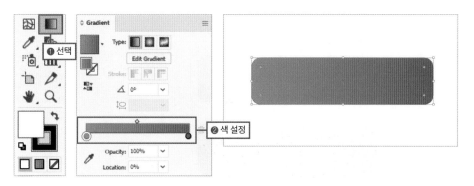

03 [Properties] 패널에서 Offset Path를 클릭하고 Offset을 3mm로 설정한 후 [OK]를 클릭합니다.

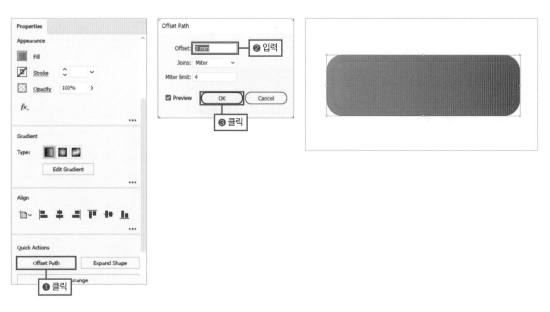

04 툴 패널에서 선 색과 면 색을 바꿉니다. 선택 툴(▶)로 면을 Alt를 누른 채 드래그하여 복제합니다.

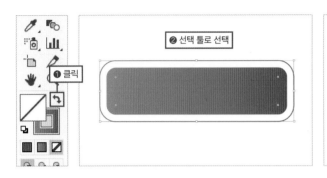
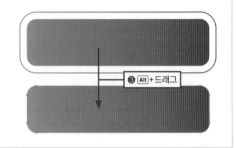

05 둥근 사각형 툴(▢)을 선택하고 아트보드를 클릭하여 [Rounded Rectangle] 대화상자에서 Width는 80mm, Height는 20mm, Corner Radius는 10mm로 설정하고 [OK]를 클릭합니다.

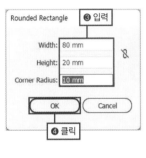

06 두 개의 사각형을 선택하고 [Pathfinder] 패널에서 Minus Front를 클릭합니다.

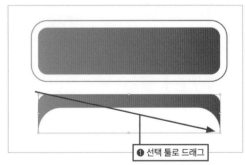

07 [Gradient] 패널에서 오른쪽 색상의 Opacity를 0%로 줄입니다.

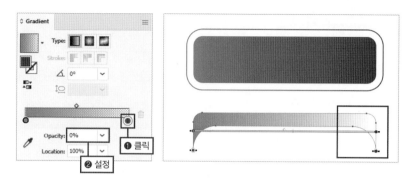

08 [Transparency] 패널에서 모드를 Screen, Opacity를 50%로 줄여서 위에 겹쳐 놓습니다.

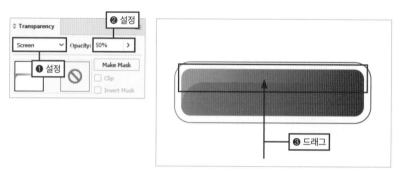

09 텍스트 툴(T)로 글씨를 입력하여 마무리합니다. 다른 색들로도 다양하게 만들어 봅니다.

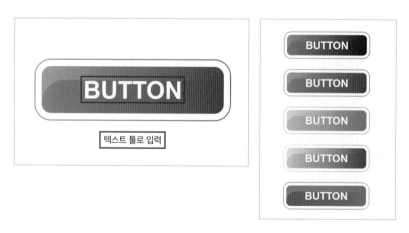

타이포그래피 1

타이포그래피는 글자를 다루는 디자인 영역입니다. 텍스트의 반복과 겹침을 통한 변형으로
전달력을 높이고 감각적으로 표현해 볼 수 있습니다.

◎ **완성 파일**: chapter9/12_TYPO.ai

01 사각형을 #E8E8E8 색으로 그리고 레이어를 잠급니다. 작업을 위해 새 레이어를 추가합니다.

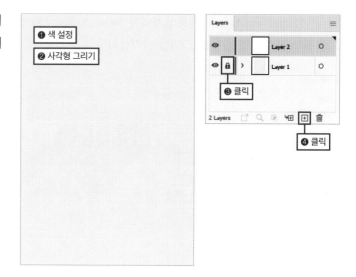

02 면 색과 선 색을 원하는 색으로 설정하고 [Stroke] 패널에서 Weight를 4pt로 합니다. 텍스트 툴 (T)로 HELLO를 입력합니다.

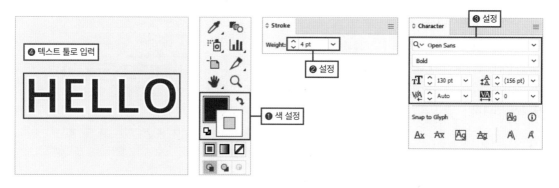

03 [Effect]-[Distort & Transform]-[Transform Effect] 메뉴를 선택합니다.

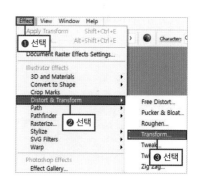

04 [Transform Effect] 대화상자에서 Move 항목의 Horizontal과 Vertical을 모두 3mm로 설정하고 Copies를 30으로 설정한 후 [OK]를 클릭합니다.

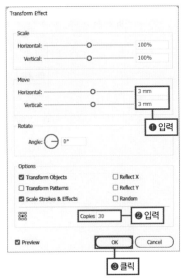

05 선택 툴(▶)로 Alt 를 누른 채 드래그하여 하나 더 복제합니다. [Appearance] 패널에서 Transform을 더블 클릭하여 대화상자를 엽니다.

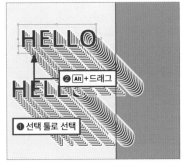

06 [Transform Effect] 대화상자에서 Horizontal과 Vertical을 모두 -3mm로 하고 [OK]를 클릭합니다.

07 사각형 툴()로 전체를 덮을 사각형을 그리고 선택 툴(▶)로 타이포를 포함하여 모두 선택한 후 Ctrl + 7 을 눌러 클리핑 마스크를 적용합니다.

❶ 사각형 그리기

❷ 선택 툴로 전체 드래그

❸ Alt + 7

타이포그래피 2

글자는 정보를 전달하는 것 이상으로 감성적인 부분을 자극하는 그래픽의 개념으로 사용되고 있습니다. 텍스트의 반복과 스케일을 활용하여 펼쳐지는 타이포그래피를 만들어 봅니다.

◎ **완성 파일**: chapter9/13_TYPO.ai

01 사각형 툴(▣)로 검은색의 배경을 그리고 레이어를 잠급니다. 작업을 위해 새 레이어를 추가합니다.

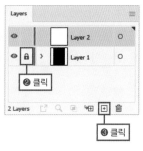

02 텍스트 툴(Ⅱ)로 DREAM을 입력합니다.

03 텍스트를 하나 복제해 놓고, 선 색과 면 색을 모두 없음으로 설정합니다.

04 [Appearance] 패널의 오른쪽 상단 목록 아이콘을 클릭하여 [Add New Stroke]를 선택합니다.

05 선 색에 따라 테두리 선이 나타납니다.

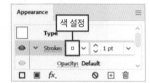

06 선 색을 그레이디언트로 변경해 보겠습니다. [Appearance] 패널의 Stroke 섬네일을 클릭하여 흰색에서 검은색으로 변하는 그레이디언트로 변경합니다.

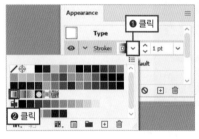

07 [Gradient] 패널에서 색상점의
위치를 조절하고 방향을 -90도로 설정
합니다.

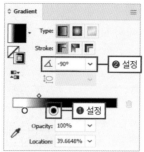

08 [Effect]-[Distort & Transform]-[Transform Effect] 메뉴를 선택하고 Horizontal은 108%, Vertical
은 -10mm, Copies는 2로 설정한 후 [OK]를 클릭합니다.

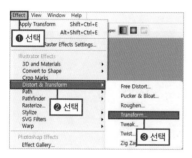

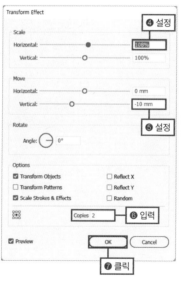

09 변형한 텍스트를 복제하여 아래에 놓습니다. [Appearance] 패널에서 Transform 항목을 더블 클릭하여 [Transform Effect] 대화상자에서 Horizontal은 112%, Vertical은 14mm, Copies는 3으로 변경하고 [OK]를 클릭합니다.

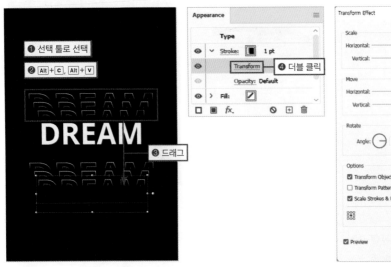

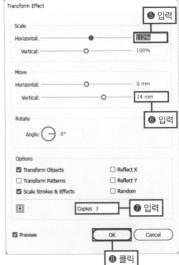

10 위치와 앞뒤를 정리하여 마무리합니다.

블렌딩 효과로 만드는 셰이프

블렌딩 기능으로 추상적인 형태와 배경을 만들 수 있습니다. 두 개의 다른 도형을 블렌딩하고
복제, 변형하여 다양한 형태를 만들어 봅니다.

◉ **완성 파일**: chapter9/04.ai

01 툴 패널의 도형 툴 중 별 툴(⭐)
과 원형 툴(⬭)을 사용하여 별은 검은색
선으로, 타원은 흰색의 선으로 그립니
다.

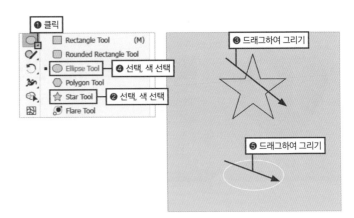

02 툴 패널에서 블렌드 툴(🔧)을 더블 클릭하여 [Blend Options] 대화상자에서 Specified Steps를
50으로 설정하고 [OK]를 클릭합니다. 별과 도형을 각각 클릭하여 블렌딩합니다.

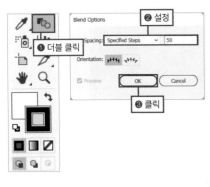
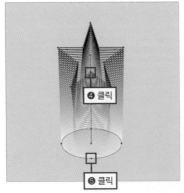

03 호 툴(◠)로 곡선을 하나 그립니다.

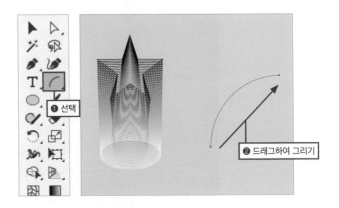

04 선택 툴(▶)로 모두 선택하고 [Object]-[Blend]-[Replace Spine] 메뉴를 선택합니다

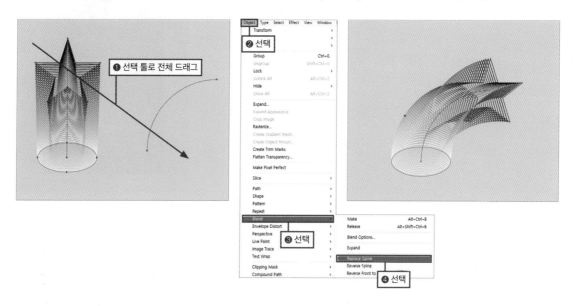

05 회전 툴(⟳)을 선택하고 Alt 를 누른 채 기준점을 클릭하여 회전 시 기준점을 지정하고 [Rotate] 대화상자가 뜨면 45도로 설정하고 [Copy]를 클릭합니다.

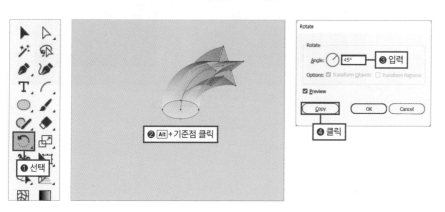

06 Ctrl + D 를 여러 번 클릭 하여 복제를 반복합니다.

07 사각형 툴(▢)로 검은색의 배경을 깐 후 텍스트를 입력합
니다.

08 마지막으로 영역 밖의 오
브젝트를 정리하기 위해 사각형
을 그립니다. 모두 선택하고
[Object]-[Clipping Mask]-
[Make] 메뉴를 선택한 후 클리
핑 마스크를 적용하여 마무리합
니다.

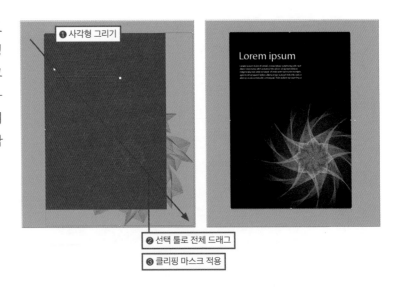

❶ 사각형 그리기

❷ 선택 툴로 전체 드래그

❸ 클리핑 마스크 적용

이미지 트레이스를 활용한 일러스트

사진 이미지를 일러스트화하는 이미지 트레이스를 활용하여 간단하게 포스터를 만들어 봅니다. 이미지 트레이스는 옵션에 따라 다양한 효과를 연출할 수 있습니다.

◉ **준비 파일**: chapter9/Puppy.jpg
◉ **완성 파일**: chapter9/POSTER.ai

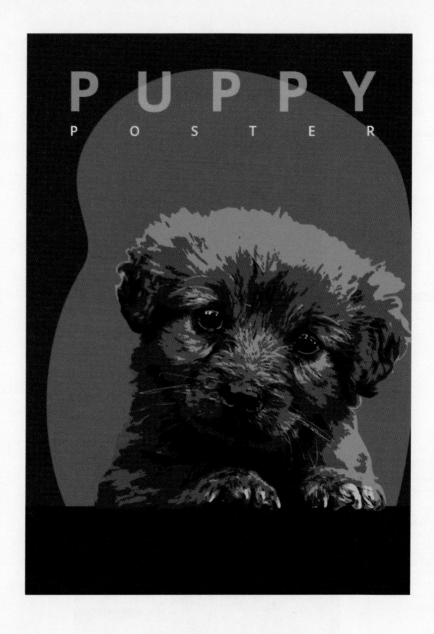

01 A4 크기의 창을 만듭니다.

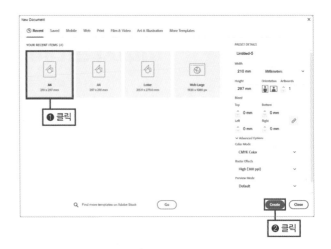

02 [File]-[Place] 메뉴를 선택하여 Puppy.jpg 파일을 불러옵니다.

03 [Image Trace] 패널에서 Default를 6 Colors로 설정합니다. [Properties] 패널의 옵션을 사용해도 됩니다.

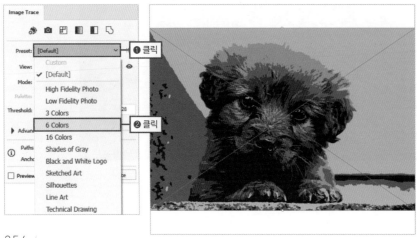

04 [Properties] 패널에서 Expand를 클릭합니다.

클릭

05 직접 선택 툴(▷)로 배경 부분을 선택하고 Delete를 눌러 배경을 정리합니다.

❶ 선택

06 직접 선택 툴()로 정리하고 싶은 부분을 선택하고 스무드 툴(✏️)로 그려 패스를 정리합니다.

❶직접 선택 툴로 클릭

❸드래그

❷선택

07 스무드 툴(✏️)로 강아지의 외곽선을 정리하고 내부의 패스들을 지우거나 하여 정리합니다. Ctrl+G를 눌러 그룹으로 만듭니다.

❶드래그

❷Ctrl+G

08 사각형 툴(□)로 배경 크기에 맞게 그리고 색 (#33D2523)을 채웁니다.

❷드래그하여 그리기

❶선택

❸색 설정

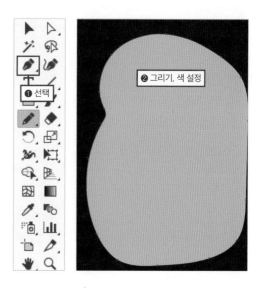

09 펜 툴(🖋)로 그리고 색(#E9BDA0)을 채웁니다.

❶ 선택

❷ 그리기, 색 설정

10 [Object]-[Path]-[Simplify] 메뉴를 선택하고 슬라이더를 왼쪽으로 드래그하여 기준점의 수를 줄여 좀 더 매끄럽게 합니다. [Transparency] 패널에서 Opacity를 40%로 줄입니다.

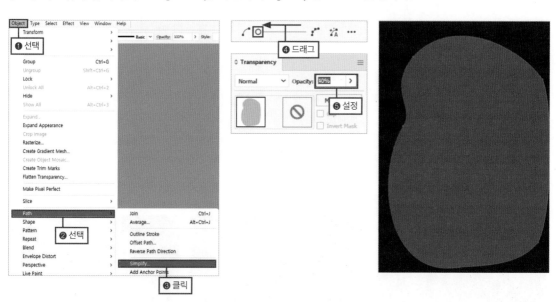

❶ 선택

❷ 선택

❸ 클릭

❹ 드래그

❺ 설정

11 강아지를 옮겨 놓고 하단에는 사각형 툴(▣)을 선택하여 #220705 색으로 그립니다.

12 텍스트 툴(**T**)로 클릭&드래그하여 텍스트 상자를 그리고 PUPPY 를 입력합니다. [Paragraph] 패널에서 Justify All Lines를 클릭하여 텍스트 상자 폭에 맞게 배치합니다. 하단에 한 줄 더 텍스트를 입력하여 마무리합니다.

❶ 설정

❷ 텍스트 툴로 드래그, 입력

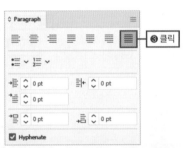

❸ 클릭

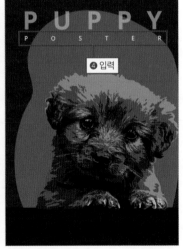

❹ 입력